财务会计理论与实践研究

蔡立峰　鞠骐丞　何翠美◎著

中国出版集团　现代出版社

图书在版编目（CIP）数据

财务会计理论与实践研究 / 蔡立峰，鞠骐丞，何翠
美著. -- 北京 ： 现代出版社，2023.12
ISBN 978-7-5231-0710-2

Ⅰ．①财… Ⅱ．①蔡… ②鞠… ③何… Ⅲ. ①财务会
计—研究 Ⅳ. ①F234.4

中国国家版本馆CIP数据核字(2023)第249523号

著　　者　蔡立峰　鞠骐丞　何翠美

责任编辑　申　晶

出 版 人　乔先彪
出版发行　现代出版社
地　　址　北京市安定门外安华里504号
邮政编码　100011
电　　话　(010) 64267325
传　　真　(010) 64245264
网　　址　www.1980xd.com
印　　刷　北京四海锦诚印刷技术有限公司
开　　本　787mm×1092mm　1/16
印　　张　11
字　　数　210千字
版　　次　2023年12月第1版　2023年12月第1次印刷
书　　号　ISBN 978-7-5231-0710-2
定　　价　68.00元

前　言

　　财务会计是指通过对企业已经完成的资金运动进行全面系统的核算与监督，以为外部与企业有经济利害关系的投资人、债权人和政府有关部门提供企业的财务状况与盈利能力等经济信息为主要目标而进行的经济管理活动。财务会计作为传统的对外提供财务报告的会计，随着技术和经济环境的变化，其理论和实务也在发展。首先，信息技术的日新月异为财务会计工作的现代化带来了机遇，众多信息披露工具的出现也给财务会计带来了前所未有的竞争压力，传统的财务会计面临如何适应新技术环境的挑战，以求得生存和发展；其次，近年来资本市场的迅猛发展，业已成为我国财务会计改革和发展的主要动力，上市公司规模大，业务复杂，组织设计和业务创新层出不穷，不断给财务会计实务提出新的课题，当然也给财务会计理论的发展带来了动力。

　　财务会计工作，是现代企业工作中的关键工作。而财务会计理论的发展是现代财务会计工作发展的前提。在社会经济高速发展的背景下，对我国的财务会计工作要求不断提高，财务会计理论体系也要快速发展，为我国的财务会计工作提供更加有力的理论支撑。本书从财务会计基础介绍入手，针对货币资金、应收款项、存货、投资进行了分析研究；另外对固定资产、无形资产、负债、所有者权益、收入、成本费用做了一定的介绍；还对财务报告与会计调整做了研究。本书论述严谨，结构合理，条理清晰，内容丰富新颖，具有前瞻性，可以作为从事财务会计等专业的技术人员的参考资料，同时能为财务会计理论与实践相关理论的深入研究提供借鉴。

　　由于作者研究水平和时间所限，本书在写作过程中难免会有不足之处，敬请广大读者批评指正。

目　录

第一章　财务会计概述

第一节　会计理论的定位与作用

一、会计的定义

在我国会计界，一个被人们普遍描述和引用的会计定义为：会计是以货币为主要计量单位，反映和监督一个单位经济活动的一种经济管理工作。根据该定义，会计具有以下三个特征。

（1）会计是以货币为主要计量单位记录企业经济活动的手段

以货币为计量单位传递财务信息是会计最古老、最直接和最容易被人们接受的方式。它将一个企业持有的所有资财通过会计确认、计量和报告程序，向会计主体报告财务信息。在早期，会计程序和记账方法基本上以手工操作系统记录企业各项经济活动。随着现代互联网信息技术的日新月异，代替人工完成重复性工作的财务机器人已经出现，电子发票也获得了大范围的推广。人工智能、电子发票等新工具的快速推广，虽然使会计人员工作模式和记账工具发生了变化，但是，要描述企业经济活动必须以货币为主要方式，这也是由货币本身的特点决定的。除货币之外，企业还以非货币或非财务信息来充分揭示重要的经济事项。

（2）会计是反映和监督企业生产过程的一种工具

就现代经济活动而言，企业个体以公司组织形式为主。公司股东通常并不直接从事经营活动，他们通过董事会或股东大会聘用经理人员去管理企业，经理层要通过会计向股东计量和报告企业经营业绩，会计起着反映和监督以及交代受托责任的作用。从股东的角度看，由于社会经济资源的稀缺性，他们选择投资的企业必须能有效使用经济资源，以得到更好的投资回报。因此，投资者和债权人评价公司的投资回报率及相关财务风险，通过会计反映的财务信息了解企业经营状况与财务成果，通过外部监督或审计报告了解企业的真实性。此外，企业产品生产过程中，也都需要通过会计反映与监督企业资财的耗费以及管理绩效等。因此，会计是反映和监督生产过程的一种工具。

（3）会计是一种管理工作

会计是通过搜集、处理和利用经济信息，对企业经济活动进行组织、控制、调节和指导，促使人们权衡利弊、比较得失、讲求经济效果的一种管理活动。近年来在开放的大数据环境下，分享经济、数字经济等新型经济形式以及智能化、移动化和云计算等信息技术的运用，使会计的管理与预测功能的重要性日益明显，会计必须由过去人工记账、计算校验、复核对账转为规则设计、流程设计和商业模式设计，通过即时的财务信息反馈给管理层，从而发现企业经营管理中存在的问题并采取相应措施，寻找解决之良策。因此，会计又是一种管理工作。

上述三个特征是会计应该同时具备的。如果会计只是一种记账与反映企业经济活动的工具，而不是从"账房先生"到"价值经理"角色的转变，未主动参与和监督企业管理活动的各个方面，那么这仅仅是簿记而非会计之功能。因此，随着我国社会经济与资本市场的发展，会计发挥的作用将越来越重要。当今我国会计所提供的信息与多年前相比已不可同日而语，通过会计反映、监督与管理的功能，整个社会资源得以进行更合理的分配。

二、会计理论的定位

财务会计理论是从会计实践中产生的，在历史的变迁中不断演化形成了现代财务会计的理论框架。研究财务会计理论对理解今天的财务会计实务以及预测未来都具有重要的意义。

"理论"是"一套紧密相连的假定性的、概念性的和实用性的原理的整体，构成了对所要探索领域的可供参考的一般框架"。

"理论"的释义是："概念、原理的体系，是系统化了的理性认识。"从学术研究的角度看，"理论"是实践中概括出来的关于自然和社会知识的科学且系统的结论。

对自然科学而言，"理论"往往体现为定理、推论或命题，而且随着实验者进行实验的结果不同而不断发展和完善，最终达到约束条件下的"广泛可接受性"，所以自然科学的理论较为精确，获得了"硬科学"的赞誉。而对于社会科学来说，"理论"的普遍认可度大大降低，根本原因是社会科学领域的理论难以直接进行检验。以经济学为例，有主流经济学与非主流经济学之分。就管理学而言，所谓理论往往来自一些个案的经验，有时难以取得共识，众说纷纭。作为经济学和管理学的下游，会计学领域的会计理论同样具有多样化的特征。

会计的基本理论是指会计环境、会计信息系统、会计对象、会计职能等。

会计环境：影响会计系统的外部因素，它包括经济、法律、政治和社会等方面的因素。会计环境会影响会计信息的需求，影响会计程序与方法，乃至影响企业提供会计信息的意愿等。

会计信息系统：会计信息系统（Accounting Information System，AIS），是企事业单位最重要的经济信息，它连续、系统、全面、综合地反映和监督企业经营状况，并为管理、经营决策提供重要依据。

会计对象：任何工作都有其特定的工作对象，会计工作也不例外。会计对象就是指会计工作所要核算和监督的内容；具体来说，会计对象是指企事业单位在日常经营活动或业务活动中所表现出的资金运动，即资金运动构成了会计核算和会计监督的内容。

会计职能：会计职能是一个发展变化的概念。随着经济的发展，会计越来越重要，会计职能也相应扩展。人们对会计职能的认识往往存在分歧。这集中体现在对职能数量的看法上。比较有代表性的观点还有：反映与控制，反映与监督，反映、监督与分析，考核与评价等。

三、会计理论的功能

由于理论是对现实的抽象和简化，而现实世界不但错综复杂且日新月异，因此完美无缺的会计理论实际上是不存在的。人们对会计理论加以选择的一个重要标准就是会计理论所能解释和预测会计实务的范围及其对使用者的改进。

会计理论有以下三种基本功能。

①信息传递和经验总结功能。作为会计理论，包含关于现实存在会计实务的信息知识和对该项实务活动的描述，起信息收集传播和经验归纳总结的效用。

②解释和评价功能。为什么现存的会计实务会被采用？为何以及如何产生？实效如何？这些问题都可借助会计理论给予回答。所谓"解释"是指会计理论为现存的会计实务说明其理由。这是会计理论指导会计实务作用的具体体现。人们之所以研究会计理论，一个重要方面就是要对现存的会计实务做出合理的解释，以说明对某项交易之所以采用这种方法和程序，而不采用其他的方法和程序的理由，从而为现存会计实务提供理论依据。

③预见和实践功能。会计理论不只是解释会计实务在一定时期内如何进行、产生何种作用，还要预见会计实务中将要产生的新现象和新问题，并预测会计实务的发展趋势和前景。所谓"预见"是指会计理论能对未来可能发生的新的会计实务进行预测或指导，对会计人员期望所做之事提供理论依据。在众多尚未制定出会计规范的领域中，利用会计理论

的指导制定会计准则和制度在内的各种规范，以解决实务中的新问题。

我国目前正处在经济发展的关键时期，会计理论面临新的发展机遇，会计理论研究空前活跃，会计改革涌现出来的新情况、新问题，迫切需要会计理论适时做出科学的解释与指导。制定适合中国市场经济特色的会计法规、会计政策、会计准则，也需要会计理论研究作为坚强的后盾。因此，我国会计理论研究，除了发挥信息需要、教学需要和政策支持功能外，还应积极吸收发达国家的先进会计理念、会计理论和会计方法，为我国会计改革服务，促进我国的经济发展和经济体制进一步完善。

四、会计理论的性质

会计理论的目标是解释和预测会计实务。由于会计的性质和发展与审计紧密相关，审计实务也被视作会计实务的组成部分。

解释是指为观察到的实务提供理由。譬如，会计理论应当解释为什么有些公司在存货计价时采用后进先出法，而不是先进先出法。

预测则是指会计理论应能够预计未观察到的会计现象。未观察到的会计现象未必就是未来现象，它们包括那些已经发生、但尚未收集到与其有关的系统证据的现象。例如，会计理论应能够针对采用后进先出法公司与采用先进先出法公司的不同特征提出假想。这类预测可以利用历史数据对采用这两种方法的公司的属性加以验证。

上述理论观点直接或间接地构成了经济学上大部分以经验为依据的研究基础，它也是科学上广为采用的理论观点。

五、会计理论的重要性

许多人都必须做出与对外会计报告有关的决策。公司管理人员必须决定采用何种会计程序来计算对外报告中的有关数据，例如，他们必须决定是采用直线法还是采用加速法来计算折旧；管理人员必须向会计准则制定机构陈述意见；管理人员必须决定何时陈述意见，赞成或反对哪种程序；最后，管理人员还必须选聘一个审计事务所。

注册会计师经常应管理人员的要求就对外报告应采用何种会计程序提出建议。此外，注册会计师自己也必须决定是否对提议中的会计准则进行表态，如果要表态的话，应持何种立场。

信贷机构（如银行与保险公司）的负责人也必须对采用不同会计程序对公司的资信进行评比。作为债权人或投资者，他们在做出贷款或投资决策之前，必须对不同会计程序的含义加以权衡。此外，贷款协议一般都附有以会计数据为依据的、公司必须遵循的条款，否则贷款将被取消，信贷机构的负责人必须规定贷款协议中的有关数据应采用何种会计程序（如果有的话）来计算。

投资者和受雇于经纪人事务所、养老金、基金会以及诸如此类机构的财务分析专家也必须分析会计数据，作为投资决策的依据之一。具体地说，他们必须对采用不同会计程序和聘请不同审计师的公司的投资进行评价。与注册会计师和公司经理人员一样，财务分析专家也必须对潜在的会计准则陈述自己的意见。

最后，会计准则制定机构，如财务会计准则委员会和证券交易委员会的成员负责制定会计准则。他们必须决定何种会计程序应予认可，据以限制各个公司可供使用的会计程序。他们还必须决定公司对外报告的频率（如月、季、半年或年度）和必须加以审计的内容。

假定所有这些团体在对会计和审计程序做出选择或提出建议时，都是为了尽可能维护其自身的利益（他们的预期效用），为了做出有关会计报告的决策，这些团体或个人都需要了解备选报告对其利益的影响程度。例如，在选择折旧方法时，公司管理人员需要分别了解直线折旧法与加速折旧法对其自身利益的影响状况。如果公司管理人员的利益依赖于公司的市场价值（通过优先认股计划、贷款协议和其他机制加以表现），那么公司管理人员就希望了解会计决策对股票和债券价格的影响。因此，管理人员需要一种能够解释会计报告与股票、债券价格之间的相互关系的理论。

六、财务会计基本理论的作用

财务会计实务需要理论加以指导有以下几个原因。

首先，会计理论是制定会计准则的依据。在实践中对会计实务起具体规范作用的是会计准则。会计准则的制定机构在制定会计准则时，必须对什么是良好的会计实务，对会计实务中普遍接受和广泛使用的会计定义、会计假设、会计惯例或原则等做出明确的解释，而且这种解释应该是前后一贯、首尾一致、符合逻辑的系统整体。简言之，会计准则需要依赖解释性强、概念清晰，便于妥善指导会计实务，并能很好地预见实务的发展前景和趋势的理论加以支撑。这样，会计准则才能真正发挥规范的效用。从这个意义上讲，会计准则又成为会计理论与会计实务之间的媒介。

其次，会计理论是企业选择会计方针的依据。会计在确认、计量和报告各种经济业务对企业财务状况、经营成果和现金流量的影响过程中，可以选择各种会计方法。不同的会计方法自有其产生的原因、适用的环境，以及方法本身的长处和局限性。因此，在确定会计方针时，就要综合考虑这些因素，同时还需兼顾企业生产、经营和管理的特点和要求。要做到这一点，良好的判断和分析是关键，这就需要会计理论的支持。

再次，会计理论是会计工作者和财务报告的用户判断会计信息质量的依据。会计工作者在进行会计处理、编制财务报告，并对会计信息进行鉴定时，都要以会计的基本理论为依据，判断所选择的会计方针是否恰当，所提供的和鉴定的会计信息之品质是否达到基本的要求。对会计工作者而言，学习和掌握会计基本理论对提高自己的业务水准和职业判断能力至关重要。对于会计信息用户来说，会计理论对其理解会计信息的内涵，判断会计信息质量，分析和利用财务报告具有重要的意义。

最后，会计理论是会计学科发展的基础。会计学科要得到良好的发展，必须进行理论研究。会计理论的研究可以使会计学科向纵深发展，可以使会计学科变得更加丰富。

第二节 财务会计的职责与计量

一、财务会计的职责与工作流程

财务会计的职责主要是对企业已经发生的交易或信息事项，通过确认、计量、记录和报告等程序进行加工处理，并借助于以财务报表为主要内容的财务报告形式，向企业外部的利益集团（政府机构、企业投资者和债权人等）及企业管理者提供以财务信息为主的经济信息。这种信息是以货币作为主要计量尺度并结合文字说明来表述的，它反映了企业过去的资金运动或经济活动历史。

（一）设置会计科目

所谓会计科目，就是对会计对象的具体内容进行分类核算的项目。按其所提供信息的详细程度及其统驭关系不同，会计科目又分为总分类科目（或称一级科目）和明细分类科目。前者是对会计要素具体内容进行总括分类，提供总括信息的会计科目，如"应收账款""原材料"等科目；后者是对总分类科目做进一步分类，提供更详细更具体的会计信息科目，如"应收账款"科目按债务人名称设置明细科目，反映应收账款的具体对象。

会计科目是复式记账和编制记账凭证的基础。我国现行的统一会计制度中对企业设置的会计科目做出了明确规定，以保证不同企业对外提供的会计信息的可比性。一般来讲，一级科目应严格按照企业会计准则中的内容设置，明细科目可参照设置。

设置会计科目就是在设计会计制度时事先规定这些项目，然后根据它们在账簿中开立相关账户（针对部分科目），并分类、连续地记录各项经济业务，反映由于各经济业务的发生而引起各会计要素的增减变动情况。

会计科目与账户的关系：账户是根据会计科目设置的，具有一定格式和结构，用于分类反映会计要素增减变动情况及其结果的载体。实际上，账户就是根据会计科目在会计账簿中的账页上开设的户头，以反映某类会计要素的增减变化及其结果。

会计科目的设置原则主要包括以下三点。

①合法性原则：应当符合国家统一会计制度的规定。

②相关性原则：应为提供有关各方所需要的会计信息服务，满足对外报告与对内管理的要求。

③实用性原则：应符合企业自身特点，满足企业实际需要。

设置会计科目主要包括两项工作：一是设计会计科目表，以解决会计科目的名称确定、分类排列、科目编号问题；二是编写会计科目使用说明，其内容主要包括各个会计科目的核算内容、核算范围与核算方法，明细科目的设置依据及具体明细科目设置，所核算内容的会计确认条件及时间和会计计量的有关规定，对涉及该科目的主要业务账务处理进行举例说明，以便会计人员据此准确地处理会计业务。

（二）复式记账

复式记账是与单式记账相对称的一种记账方法。这种方法的特点是对每一项经济业务都要以相等的金额，同时记入两个或两个以上的有关账户。通过账户的对应关系，可以了解有关经济业务内容的来龙去脉；通过账户的平衡关系，可以检查有关业务的记录是否正确。

复式记账法的类型主要有借贷记账法、收付记账法和增减记账法，但我国和大多数国家都只使用借贷记账法。该记账方法的特点如下。

①使用借贷记账法时，账户被分为资产（包括费用）类和负债及所有者权益（包括收入与利润）类两大类别。

②借贷记账法以"借""贷"为记账符号，以"资产＝负债+所有者权益"为理论依据，以"有借必有贷，借贷必相等"为记账规则。

③借贷记账法的账户基本结构分为左、右两方，左方称为借方，右方称为贷方。在账户借方记录的经济业务称为"借记某账户"，在账户贷方记录的经济业务称为"贷记某账户"。至于借方和贷方究竟哪一方用来记录金额的增加，哪一方用来记录金额的减少，则要根据账户的性质来决定。

资产类账户的借方登记增加额，贷方登记减少额；负债及所有者权益类账户的贷方登记增加额，借方登记减少额。

④账户余额一般在增加方，例如，资产类账户余额一般为借方余额，负债类账户余额一般为贷方余额。资产类账户的期末余额公式为：

$$期末借方余额＝期初借方余额＋本期借方发生额－本期贷方发生额$$

负债及所有者权益类账户的期末余额公式为：

$$期末贷方余额＝期初贷方余额＋本期贷方发生额－本期借方发生额$$

⑤为了检查所有账户记录是否正确，可进行试算平衡。这里有两种方法：一是发生额试算平衡法，其公式为：

$$全部账户本期借方发生额合计＝全部账户本期贷方发生额合计$$

二是余额试算平衡法，其公式为：

$$全部账户的借方期初余额合计＝全部账户的贷方期初余额合计$$

$$全部账户的借方期末余额合计＝全部账户的贷方期末余额合计$$

（三）填制和审核凭证

会计凭证是记录经济业务、明确经济责任的书面证明，是登记账簿的依据。凭证必须经过会计部门和有关部门审核，只有经过审核并正确无误的会计凭证才能作为记账的依据。

（四）登记账簿

账簿是用来全面、连续、系统记录各项经济业务的簿籍，是保存会计数据、资料的重要工具。登记账簿就是将会计凭证记录的经济业务，序时、分类记入有关簿籍中设置的各个账户。登记账簿必须以凭证为依据，并定期进行结账、对账，以便为编制会计报表提供完整、系统的会计数据。

（五）成本计算

成本计算是指在生产经营过程中，按照一定对象归集和分配发生的各种费用支出，以确定该对象的总成本和单位成本的一种专门方法。通过成本计算，可以确定材料的采购成本、产品的生产成本和销售成本，可以反映和监督生产经营过程中发生的各项费用是否节约或超支，并据此确定企业经营盈亏。

（六）财产清查

财产清查是指通过盘点实物、核对账目，保持账实相符的一种方法。通过财产清查，可以查明各项财产物资和货币资金的保管和使用情况，以及往来款项的结算情况，监督各类财产物资的安全与合理使用。如在清查中发现财产物资和货币资金的实有数与账面结存数额不一致，应及时查明原因，通过一定审批手续进行处理，并调整账簿记录，使账面数额与实存数额保持一致，以保证会计核算资料的正确性和真实性。

（七）编制会计报表

会计报表是根据账簿记录定期编制的、总括反映企业和行政事业单位特定时点（月末、季末、年末）和一定时期（月、季、年）财务状况、经营成果以及成本费用等的书面文件。主要的财务报表包括资产负债表、利润表和现金流量表。

二、财务会计的确认、计量和报告

财务会计的确认、计量和报告是在财务会计目标的指引下，基于权责发生制，按照会计信息质量特征的要求，将会计对象定性判断和定量归类于会计要素中，并通过格式化的报告进行信息汇报的操作规程，是财务会计信息系统运作的具体方法。财务会计的确认、计量和报告在财务会计信息系统中具有战术性作用，因此居于财务会计概念框架的第三层次。

权责发生制是确认、计量和报告的基础。

权责发生制又称"应计基础"，是指会计不是根据实际的现金收付时间，而是根据收现权利和付现义务的形成时间，作为反映经济交易或事项的基础。

在合同中，企业形成收现权利和付现义务的时间与实际收到现金和支付现金的时间可能不一致，在持续经营和会计分期假设下，确认、计量和报告企业的资产、负债、收入以及费用时，会出现两种选择：①权责发生制，即按照收现权利和付现义务的形成时间进行确认、计量和报告；②现金收付制，即按照实际收付现金的时间进行确认、计量和报告。

经济交易或事项的核心并非形式上的商品或劳务交换，而是附着于形式背后的权利与义务交换，交换的权利和义务由各方签订的显性或隐性合同来规定。因此，会计反映经济交易或事项，既要反映报告主体静态和动态的经济资源信息，也要反映报告主体静态和动态的经济资源要求权信息，收付实现制只能反映前者，不能反映后者，而权责发生制可以两者兼得。由此可知，会计应采用权责发生制，而非收付实现制进行确认、计量和报告。

（一）确认

1. 确认的概念

确认是指将会计对象（经济交易或事项）定性判断和定量归类于会计要素（资产、

负债、所有者权益、收入、费用和利润）中，正式列入财务报表的过程，是将会计对象转化为会计要素，通过会计信息系统进行反映的程序。

广义的确认概括了识别、记录和传递三个过程，具体而言，需要做以下三步判断。

第一步，是否该将某项经济交易或事项输入会计信息系统并通过财务报表输出信息？

第二步，如果是，那么该经济交易或事项应该录入哪项要素并通过财务报表进行传递？

第三步，如果要素确定，那么上述记录和传递应在何时进行？金额是多少？

第一步是识别过程，第二步和第三步是记录与传递过程，包括记录和传递的空间、时间和金额。在第二步和第三步判断中，记录先于传递，因此，记录的确认程序称为"初始确认"，传递的确认程序称为"再确认"。

狭义的确认只针对记录程序，即需要判断是否应该记录、录入哪项要素、何时进行记录。

2. 确认的标准

某一项目确认为会计信息需要符合以下三个标准。

标准一，该项目需要符合会计要素的定义。被确认的项目是通过经济交易或事项所产生，可以按照其承载的权利和义务特征归入财务会计要素。

标准二，与该项目有关的未来经济利益很可能流入或流出企业。未来经济利益的流入或流出存在不确定性，但这种不确定性可以根据经验或模型进行明确的评估。

标准三，与该项目有关的未来经济利益的流入或流出金额能可靠地计量。该项目应有可计量的属性，如成本、价值等，并能根据经验或模型计算获得可靠的金额。

（二）计量

1. 计量的概念

计量是指将符合确认条件的会计要素登记入账并列报于财务报表而确定其金额的过程。计量问题是财务会计的核心问题。

某一项目的计量过程包含两个方面的内容：①实物计量；②金额计量。实物计量，顾名思义就是这一实物的数量；而金额的计量则涉及计量单位和计量属性两个因素。

2. 计量单位

货币计量假设为计量单位提供了答案，即企业在提供财务会计报告信息时，采用货币作为反映经济资源的价值及其变动的基本单位。

在会计实务中，世界各国或地区往往要求在编制财务会计报告时选定一种货币作为记账本位币，如美元、欧元和英镑等。我国会计核算以人民币为记账本位币。

3. 计量属性

计量属性是指所用量度的经济属性，从会计角度而言，计量属性反映的是会计要素的金额确定基础，如原始成本、现实成本等。

（1）五种计量属性

①历史成本。在历史成本计量下，资产按照购置时支付的现金或者现金等价物的金额，或者按照购置资产时所付出的对价的公允价值计量。负债按照因承担现时义务而实际收到的款项或者资产的金额，或者承担现时义务的合同金额，或者按照日常活动中为偿还负债预期需要支付的现金或者现金等价物的金额计量。

②重置成本。在重置成本计量下，资产按照现在购买相同或者相似资产所需支付的现金或者现金等价物的金额计量。负债按照现在偿付该项债务所需支付的现金或者现金等价物的金额计量。

③可变现净值。在可变现净值计量下，资产按照其正常对外销售所能收到现金或者现金等价物的金额扣减该资产至完工时估计将要发生的成本、估计的销售费用以及相关税费后的金额计量。

④现值。在现值计量下，资产按照预计从其持续使用和最终处置中所产生的未来净现金流入量的折现金额计量，负债按照预计期限内需要偿还的未来净现金流出量的折现金额计量。

⑤公允价值。在公允价值计量下，资产和负债按照市场参与者在计量日发生的有序交易中，出售资产所能收到或者转移负债所需支付的价格计量。

（2）五种计量属性的评价

就资产的计量而言，根据资产的概念，资产是指企业过去的交易或者事项形成的、由企业拥有或者控制的、预期会给企业带来经济利益的资源。从资产的定义角度观察计量属性问题可以发现，在五种计量属性中，前两种是按照买入价计量，即资产进入、现金流出，这两种定义是基于投入产出理念下的定义，适合于计算会计利润；后三种是按照脱手价计量，即资产流出、现金进入，这三种定义是基于经济学理念下的定义，适合于计算经济利润。因此，符合资产定义的计量属性应该是可变现净值、现值和公允价值。

（3）公允价值计量属性的进一步说明

公允价值，是指市场参与者在计量日发生的有序交易中，出售一项资产所能收到或者转移一项债务所需支付的价格，在这一定义中，明确了公允价值是资产的脱手价值和负债的清偿价值，即计量资产时，表示现金流入；计量负债时，表示现金流出。保证了其与资产和负债概念的一致性。

从现金流向上看，就资产的计量而言，历史成本计量和重置成本计量是资产进入、现金流出，与公允价值的定义相比较可以发现，公允价值避免了与历史成本和重置成本两种计量属性存在的交叉。而可变现净值和现值从现金流向上看，是资产流出、现金进入，因而公允价值定义的计量属性虽避免了与历史成本和重置成本两种计量属性存在的交叉，却仍不能解决与可变现净值和现值这两种计量属性的重叠。从上述五个例子来看，很难区分可变现净值与公允价值的差别。

在实际操作层面上，公允价值计量存在市场法、收益法和成本法三种估值技术。分析三种估值技术，市场法的实际操作方法与可变现净值的应用类似，收益法和现值的应用类似，而成本法则与重置成本的应用类似。

这使公允价值计量属性在操作层面上仍与可变现净值和现值计量属性难以区分，甚至在成本法估值技术下，公允价值计量的操作方法又采用了与重置成本计量相同的操作方法。

在时间维度上，历史成本也可视作过去时点市场参与者在计量日发生的有序交易中，出售一项资产所能收到或者转移一项债务所需支付的价格，即历史成本可以视作过去时点的公允价值，现行市价可以视作现在时点的公允价值，而约定价格可以视作未来时点的公允价值。

而现行市价在会计上对应重置成本、可变现净值，约定价格对应现值。因此，无论从概念层面，还是从操作层面，公允价值计量属性都存在与历史成本、重置成本、可变现净值和现值四种计量属性的交叉现象。公允价值计量将未来的估计反映于当期财务报表中，有利于提供经济决策有用性信息。就目前的理解而言，可以将公允价值理解为计量未来的计量属性。

企业在对会计要素进行计量时，一般应当采用历史成本。采用重置成本、可变现净值、现值、公允价值计量的，应当保证所确定的会计要素金额能够取得并可靠计量。

（三）报告

1. 报告的概念

报告，又称为列报，是通过标准化的格式进行信息汇报的操作规程，包括编制财务会计报表及其附注和其他财务列报，是账面资料的分类和汇总。

2. 财务报告与财务报表

财务报告是指企业对外提供的反映企业某一特定日期的财务状况和某一会计期间的经

营成果和现金流量等会计信息的文件。财务报告包括财务报表、财务报表附注和其他相关信息。财务报告是财务会计信息系统的最终产品，是会计信息的"物质载体"，也是将会计信息传递给使用者的媒介。

　　财务报表是财务报告的核心，是对企业财务状况、经营成果和现金流量等信息的结构性表述，财务报表包括基本报表和附表。在实务中，财务报告和财务报表经常混用，但两者既有联系又有区别。财务报表的出现早于财务报告，财务报告的内涵大于财务报表。一般认为，财务会计信息主要由财务报表提供，财务报表是财务报告的核心。

　　如果以时间维度过去到现在和未来到现在来划分的话，财务会计的目标、主要的信息质量特征、计量属性以及制定会计准则的理念上存在两对对应关系。

　　①过去—现在—受托责任—可靠性—历史成本—收入费用观。

　　即在时间上，当反映从过去时点到现在时点的经济交易或事项时，财务会计的目标强调受托责任，会计信息质量特征对应可靠性，在计量属性上对应历史成本，而在会计准则理念上则对应收入费用观，某个会计期间企业净资产的变化是"利润"计量的结果，即期初的净资产+当期利润=期末的净资产，也即利润确定在先，期末净资产的确定在后。

　　②未来—现在—决策有用—相关性—公允价值—资产负债观。

　　即在时间上，当反映从未来时点到现在时点的经济交易或事项时，财务会计的目标强调决策有用，会计信息质量特征对应相关性，在计量属性上对应公允价值，而在会计准则理念上则对应资产负债观，某个会计期间的利润是企业"资产负债"计量的结果，即期末的净资产−期初的净资产=当期利润，也即期末的净资产确定在先，当期利润的确定在后。

第三节　会计凭证、会计账簿与会计报表的基本情况

　　在会计核算方法体系中，就其工作程序和工作过程来说，主要是三个环节：填制和审核凭证、登记账簿及编制会计报表。在一个会计期间所发生的经济业务，都要通过这三个环节进行会计处理，从而将大量的经济业务转换为系统的会计信息。这个转换过程，即从填制和审核凭证到登记账簿，直至编出会计报表周而复始的变化过程，就是一般称为的会计循环。

一、会计凭证

　　会计凭证分为原始凭证和记账凭证，前者是在经济业务最初发生之时即行填制的原始

书面证明，如销货发票、款项收据等；后者是以原始凭证为依据，对原始凭证进行归类整理，并编制会计分录的凭证，它还是记入账簿内各个分类账户的书面证明，如收款凭证、付款凭证、转账凭证等。

会计分录是指对某项经济业务标明其应借应贷账户及其金额的记录，简称分录。会计分录的三个要素分别是：应记账户名称、应记账户方向（借或贷）和应记金额。会计分录的步骤包括四步：第一步：分析经济业务事项涉及的会计要素；第二步：确定涉及的账户；第三步：确定所记账户的方向；第四步：确定应借应贷账户是否正确，借贷金额是否相等。

收款凭证和付款凭证是用来记录货币收付业务的凭证，它们既是登记现金日记账、银行存款日记账、明细分类账及总分类账等账簿的依据，也是出纳人员收、付款项的依据。

出纳人员不能依据现金、银行存款收付业务的原始凭证收付款项，而必须根据会计主管人员审核批准的收款凭证和付款凭证收付款项，以加强对货币资金的管理。

凡是不涉及银行存款和现金收付的各项经济业务，都需要编制转账凭证。例如，购买原材料，但没有支付货款；某单位或个人以实物投资等，此时都应编制转账凭证。

如果是银行存款和现金之间相互划拨业务，例如，将现金存入银行，或者从银行提取现金，按我国会计实务惯例，此时应编制付款凭证。

如果按适用的经济业务来划分，记账凭证可分为专用记账凭证和通用记账凭证两类。其中，专用记账凭证是用来专门记录某一类经济业务的记账凭证。按其所记录的经济业务是否与现金和银行存款的收付有无关系，又分为收款凭证、付款凭证和转账凭证三种；通用记账凭证是以一种格式记录全部经济业务，它不再分为收款凭证、付款凭证和转账凭证。在经济业务比较简单的经济单位，为了简化凭证，可以使用通用记账凭证记录所发生的各种经济业务。

如果按记账凭证包括的会计科目是否单一，记账凭证又可分为复式记账凭证和单式记账凭证两类。其中，复式记账凭证又称多科目记账凭证，它要求将某项经济业务所涉及的全部会计科目集中填列在一张记账凭证上。复式记账凭证可以集中反映账户的对应关系，便于更好地了解经济业务的全貌，了解资金的来龙去脉，以及便于查账。复式记账凭证可以减少填制记账凭证的工作量，减少记账凭证的数量，其缺点是不便于汇总计算每一会计科目的发生额，不便于分工记账。前面介绍的收款凭证、付款凭证和转账凭证等都是复式记账凭证。

单式记账凭证，是指把一项经济业务所涉及的每个会计科目分别填制记账凭证，每张记账凭证只填列一个会计科目的记账凭证。单式记账凭证包括单式借项凭证和单式贷项凭证。单式记账凭证的内容单一，有利于汇总计算每个会计科目的发生额，可以减少登记总账的工作量，但制证工作量较大，不利于在一张凭证上反映经济业务的全貌，不便于查找记录差错。实务中使用单式记账凭证的单位很少。

二、会计账簿

会计账簿是指由一定格式的账页组成，以会计凭证为依据，全面、系统、连续地记录各项经济业务的簿籍。设置和登记会计账簿是重要的会计核算基础工作，是连接会计凭证和会计报表的中间环节。

填制会计凭证后之所以还要设置和登记账簿，是由于二者虽然都用来记录经济业务，但二者具有不同作用。在会计核算中，对每一项经济业务都必须取得和填制会计凭证，因而会计凭证数量很多，很分散，而且每张凭证只能记载个别经济业务的内容，所提供的资料是零星的，不能全面、连续、系统地反映和监督一个经济单位在一定时期内某一类和全部经济业务活动情况，不便于日后查阅。

因此，为了给经济管理提供系统的会计核算资料，各单位都必须在凭证的基础上设置和运用登记账簿，从而把分散在会计凭证上的大量核算资料加以集中和归类整理，生成有用的会计信息，从而为编制会计报表、进行会计分析以及审计提供主要依据。

（一）账簿的分类

账簿的分类方法主要有三种，即可以分别按用途、账页格式、外形特征分类。

1. 按用途分类

如果按用途分类，会计账簿可分为序时账簿、分类账簿和备查账簿。其中，序时账簿又称日记账，它是按照经济业务发生或完成时间的先后顺序逐日逐笔进行登记的账簿。序时账簿是会计部门按照收到会计凭证号码的先后顺序进行登记的。库存现金日记账和银行存款日记账是最典型的序时账簿。

分类账簿是对全部经济业务事项按照会计要素的具体类别而设置的分类账户进行登记的账簿。按其提供核算指标的详细程度不同，分类账簿又分为总分类账和明细分类账。其中，总分类账简称总账，它是根据总分类科目开设账户，用来登记全部经济业务，进行总分类核算，提供总括核算资料的分类账簿；明细分类账简称明细账，它是根据明细分类科目开设账户，用来登记某一类经济业务，进行明细分类核算，提供明细核算资料的分类账簿。

备查账簿又称辅助账簿，它是对某些在序时账簿和分类账簿等主要账簿中都不予登记或登记不够详细的经济业务事项进行补充登记时使用的账簿，它可以对某些经济业务的内容提供必要的参考资料。备查账簿的设置应视实际需要而定，并非一定要设置，而且没有固定格式，如租入固定资产登记簿、代销商品登记簿等。

2. 按账页格式分类

如果按账页格式分类，会计账簿可分为两栏式账簿、三栏式账簿和数量金额式账簿。其中，两栏式账簿是只有借方和贷方两个基本金额的账簿，各种收入、费用类账户都可以采用两栏式账簿；三栏式账簿是设有借方、贷方和余额三个基本栏目的账簿，各种日记账、总分类账、资本、债权、债务明细账都可采用三栏式账簿；数量金额式账簿在借方、贷方和金额三个栏目内都分设数量、单价和金额三小栏，借以反映财产物资的实物数量和价值量。原材料、库存商品、产成品等明细账通常采用数量金额式账簿。

3. 按外形特征分类

如果按外形特征分类，会计账簿可分为订本账、活页账和卡片账。其中，订本账是在启用前将编有顺序页码的一定数量账页装订成册的账簿，它一般适用于重要且具有统驭性的总分类账、现金日记账和银行存款日记账。

活页账是将一定数量的账页置于活页夹内，可根据记账内容的变化随时增加或减少部分账页的账簿，它一般适用于明细分类账。

卡片账是将一定数量的卡片式账页存放于专设的卡片箱中，账页可以根据需要随时增添的账簿。卡片账一般适用低值易耗品、固定资产等的明细核算。在我国，一般只对固定资产明细账采用卡片账形式。

（二）记账规则

1. 登记账簿的依据

为了保证账簿记录的真实、正确，必须根据审核无误的会计凭证登账。

2. 登记账簿的时间

各种账簿应当多长时间登记一次，没有统一规定。但是，一般的原则是：总分类账要按照单位所采用的会计核算形式及时登账，各种明细分类账要根据原始凭证、原始凭证汇总表和记账凭证每天进行登记，也可以定期（三天或五天）登记。但是现金日记账和银行存款日记账应当根据办理完毕的收付款凭证，随时逐笔顺序进行登记，最少每天登记一次。

依据规定：实行会计电算化的单位，总账和明细账应当定期打印。发生收款和付款业务的，在输入收款凭证和付款凭证的当天必须打印出现金日记账和银行存款日记账，并与库存现金核对无误。

3. 登记账簿的规范要求

①登记账簿时应当将会计凭证日期、编号、业务内容摘要、金额和其他有关资料逐项记入账内。同时，记账人员要在记账凭证上签名或者盖章，并注明已经登账的符号（如打"√"），以防止漏记、重记和错记情况的发生。

②各种账簿要按账页顺序连续登记，不得跳行、隔页。如发生跳行、隔页，应将空行、空页画线注销，或注明"此行空白"或"此页空白"字样，并由记账人员签名或盖章。

③凡需结出余额的账户，应当定期结出余额。现金日记账和银行存款日记账必须每天结出余额。结出余额后，应在"借或贷"栏内写明"借"或"贷"的字样。没有余额的账户，应在该栏内写"平"字并在余额栏"元"位上用"0"表示。

④每登记满一张账页结转下页时，应当结出本页合计数和余额，写在本页最后一行和下页第一行有关栏内，并在本页的摘要栏内注明"转后页"字样，在次页的摘要栏内注明"承前页"字样。

三、会计报表

常见的企业会计报表主要包括"资产负债表""利润表""现金流量表"等，通过这些报表可了解企业的财务状况、变现能力、偿债能力、经营业绩、获利能力、资金周转情况等。投资人可以据此判断企业的经营状况，并对未来的经营前景进行预测，从而进行决策。

在现代企业制度下，企业所有权和经营权相互分离，使企业管理层与投资者或债权人之间形成了受托、委托责任。企业管理层受委托人之托经营管理企业及其各项资产，负有受托责任；企业投资者和债权人需要通过财务报表了解管理层保管、使用资产的情况，以便评价管理层受托责任的履行情况。

①资产负债。资产负债表亦称财务状况表，表示企业在一定日期（通常为各会计期末）的财务状况（资产、负债和所有者权益）。资产负债表利用会计平衡原则，将合乎会计原则的资产、负债、股东权益交易科目分为"资产"和"负债及所有者权益"两大区块，在经过分录、转账、分类账、试算、调整等会计程序后，以特定日期的静态企业情况为基准，浓缩成一张报表。

②利润表。利润表是反映企业在一定会计期间经营成果的报表，又称动态报表，也称损益表、收益表等。

通过利润表，可以反映企业一定会计期间的收入实现情况，即：实现的主营业务收入有多少、实现的其他业务收入有多少、实现的投资收益有多少、实现的营业外收入有多少，等等；可以反映一定会计期间的费用耗费情况，即：耗费的主营业务成本有多少、主营业务税金有多少、营业费用、管理费用、财务费用各有多少、营业外支出有多少，等等；可以反映企业生产经营活动的成果，即：净利润的实现情况，据以判断资本保值、增值情况。

将利润表中的信息与资产负债表中的信息相结合，还可以提供进行财务分析的基本资料，如将赊销收入净额与应收账款平均余额进行比较，计算出应收账款周转率；将销货成本与存货平均余额进行比较，计算出存货周转率；将净利润与资产总额进行比较，计算出资产收益率等，可以表现企业资金周转情况以及企业的盈利能力和水平，便于会计报表使用者判断企业未来的发展趋势，做出经济决策。

③现金流量表。现金流量表是会计报表的三个基本报告之一，也叫账务状况变动表，所表达的是在一固定期间（通常是每月或每季）内企业现金（包含现金等价物）的增减变动情形。

现金流量表主要反映了资产负债表中各个项目对现金流量的影响，并根据其用途划分为经营、投资及融资三个活动分类。现金流量表可用于分析企业在短期内有没有足够的现金去应付开销。

第二章 货币资金与应收款项

第一节 货币资金

一、货币资金的管理与控制

（一）货币资金的管理与控制原则

货币资金的管理与控制原则，见表2-1。

表2-1 货币资金的管理与控制原则

控制原则	具体内容
实行交易分开	为防止将现金收入直接用于现金支出的坐支行为，必须实行交易分开原则，即将现金支出业务与现金收入业务分开处理
实施内部稽核	内部稽核制度也是会计内部控制制度的重要一环，即设置内部稽核单位和人员，建立内部稽核制度，以加强对货币资金管理的监督，及时发现货币资金管理中存在的问题并予以改进
严格职责分工	不相容职务相分离原则是一项严密的内部牵制制度，即将涉及货币资金不相容的职责分由不同的人员担任，以减少和降低货币资金管理上舞弊的可能性
实施定期轮岗制度	指对涉及货币资金管理和控制的业务人员实行定期轮换岗位，以减少货币资金管理与控制中产生舞弊的可能性，及时发现有关人员的舞弊行为

（二）现金的管理与控制

1. 现金的适用范围

根据国家现金管理制度和结算制度的规定，企业收支的各种款项必须按照国务院规定办理，在规定的范围内使用现金。允许企业使用现金结算的范围是：①职工工资、津贴；

②个人劳务报酬；③根据国家制定颁发给个人的科学技术、文化艺术、体育等各种奖金；④各种劳保、福利费用以及国家规定的对个人的其他支出；⑤向个人收购农副产品和其他物资的价款；⑥出差人员必须随身携带的差旅费；⑦结算起点（1000 元）以下的零星支出；⑧中国人民银行确定需要支付现金的其他支出。

对不属于上述规定范围的款项支付应通过银行办理转账结算。

2. 库存现金的限额

库存现金的限额，是指为保证各企业单位日常零星开支的需要，按规定允许留存现金的最高数额。库存现金的限额通常由开户银行根据企业距离银行的远近以及交通是否便利等因素，按 3~5 天日常零星开支所需的核定库存现金限额，作为企业的零用现金。边远地区、交通不便地区可适当放宽，但不得超过 15 天的日常开支需要量。日常零星开支不包括企业每月发放工资和不定期差旅费等大额现金支出。库存现金限额一旦确定，企业必须严格遵守。企业每日结存的现金不得超过核定的库存限额，超过部分应及时送存银行；低于限额的部分，可以签发现金支票从银行提取现金，补足限额。这样，不仅可以减少因保存大量库存现金的成本和风险，而且可以通过签发银行支票加强对现金支出的控制。

3. 现金收支的控制

完整的现金收支控制由现金收入控制、现金支出控制和库存现金控制三个部分组成。

（1）现金收入的控制

现金收入控制的目的在于保证现金收入全部无遗漏地入账，其控制要点如下。

①全部现金收入必须当天入账，并尽可能于当天送存银行；当天不能送存银行的，最迟应于次日送存银行，防止以现金收入直接支付现金支出的"坐支"行为。

②一切现金收入都应开具收款收据。

③签发现金收款收据与收款由不同的人员经办。一般由销售部门经办销售业务的人员填制销售发票和收款收据，出纳人员据以收款，会计人员据以入账，以相互牵制、相互核对，以防弊端。

④控制收款收据和销售发票的数量与编号。领用收据时须由领用人签收领用数量和起讫号，收据存根由收据保管人回收与保管，已领用但尚未使用的空白收据要定期查对，已使用过的发票和收据要清点、登记、封存和保管，按规定程序审批后销毁。

⑤开出的收据应与已入账的收据联按编号逐张核对金额，核对无误后予以注销，以确保现金收入全部入账。

（2）现金支出的控制

现金支出控制的目的在于保证全部现金支出都必须经有关经办人员授权，其控制要点如下。

①与付款相关的授权、支票的签发、款项的支付和记账应由不同人员经办，实现职责分工。

②支票的签发至少要由两人签字或盖章，相互牵制、相互监督。

③任何款项的支付都必须以原始凭证为据，由经办人员签字证明、主管人员审批、出纳人员据以办理付款。

④付讫的凭证要加盖"现金付讫"或"银行付讫"章，予以注销，并定期装订成册后由专人保管，以防被重复付款、盗窃或篡改。

（3）库存现金的控制

库存现金控制的目的在于合理确定库存现金限额，并保证库存现金的安全与完整，其控制要点如下。

①正确合理地核定库存现金限额，并按规定限额控制现金，超过限额的现金应及时送存银行。出纳人员必须及时登记现金日记账，做到日清日结，不得以不符合财务制度和会计凭证手续的"白条"和单据充抵库存现金。每日营业终了后必须清点现金，并核对实际库存现金和现金日记账的账面余额，做到账款相符，对现金的溢余或短缺应及时查明原因并予以处理。

②出纳人员应定期进行轮换，不得一人长期从事出纳工作。

③企业内部审计人员或稽核人员应定期对库存现金进行核查，也可根据需要临时突击检查。

4. 银行存款管理制度

（1）银行存款开户

企业在银行开立的银行存款账户分为四种：基本存款账户、一般存款账户、临时存款账户和专用存款账户。

基本存款账户是企业办理日常结算和现金收付的账户。企业的工资、奖金等现金的支取，只能通过基本存款账户办理。一般存款账户是企业在基本存款账户以外办理银行借款转存，以及与基本存款账户的企业不在同一地点的附属非独立核算单位的账户，企业可以通过本账户办理转账结算和现金缴存，但不能办理现金支取。临时存款账户是企业因临时经营活动需要开立的账户，企业可以通过本账户办理转账结算和根据国家现金管理的规定办理现金收付。专用存款账户是企业因特定用途需要开立的账户。

一个企业只能选择一家银行的一个营业机构开立一个基本存款账户，不得在多家银行机构开立基本存款账户，也不得在同一家银行的几个分支机构开立一般存款账户。

（2）银行结算纪律

企业通过银行办理支付结算时，应当认真执行国家各项管理办法和结算制度。

在银行开立存款账户的单位和个人办理支付结算，账户内须有足够的资金保证支付，不准签发没有资金保证的票据或远期支票，套取银行信用；不准签发、取得和转让没有真实交易和债权债务的票据，套取银行和他人资金；不准无理拒绝付款，任意占用他人资金；不准违反规定开立和使用账户；必须遵守"恪守信用，履约付款；谁的钱进谁的账，由谁支配；银行不垫款"的支付结算原则。企业应根据其业务特点，选择合适的结算方式办理各种结算业务。

5. 货币资金内部会计控制

一套有效的货币资金内部控制制度主要包括以下内容（见表2-2）。

表2-2　货币资金内部控制制度

控制制度	具体内容
授权批准程序	企业应明确审批人对货币资金业务的授权批准方式、权限、程序、责任和相关控制措施，规定经办人办理货币资金业务的职责范围和工作要求。货币资金的收入、支出和保管应当由两名或两名以上的授权人批准，重大货币资金收付，应当由企业有权批准的机构或企业负责人批准
定期监督检查	企业应定期由独立于货币资金业务岗位的人员或机构对货币资金内部会计控制制度的执行情况进行监督检查，以发现其薄弱环节，从而进一步修订、完善内部控制制度
建立健全岗位责任制	企业应明确相关部门和岗位的职责权限，确保办理货币资金业务的不相容岗位相互分离、制约和监督，货币资金业务的申请、批准、收支和保管岗位相互分离，收支保管岗位与核算、对账岗位相互分离，货币资金收支结算凭证与所需印鉴分开保管。各岗位相互牵制、相互制约。并且，对货币资金业务重要岗位上的人员实行定期轮换，通过轮换时的交接审核，及时发现可能存在的问题
货币资金支付业务办理程序	货币资金支付业务办理程序包括四个环节：申请、批准、复核和办理。首先由货币资金使用机构提出申请，说明资金支付的用途、理由、金额、预算、支付方式等；然后由授权人对支付申请和所附说明材料进行审核；若批准，再由专门人员进行复核，复核申请批准程序是否正确、手续及相关单证是否齐全、金额计算是否准确、支付方式是否妥当等；最后，由出纳人员根据审核过的支付申请办理支付手续，并及时予以记录

控制制度	具体内容
会计记录管理制度	企业应及时、正确、完整地记录货币资金业务和货币资金收支情况，确保会计记录的安全和完整，并建立会计记录的录入、修改、保管和查阅程序
加强银行预留印鉴的管理	单位财务专用章应由专人保管，个人名章必须由本人或其授权人员保管，严禁一人保管支付款项所需的全部印章。按规定需要有关负责人签字或盖章的经济业务，必须严格履行签字或盖章手续
对账制度	企业应及时与银行和经济业务往来单位核对账目。对账工作由独立于货币资金经办岗位的人员负责。若发现异常情况，应及时分析原因，并报有关机构处理
业务人员的培训	从事货币资金业务岗位的工作人员应是业务和道德品质合格的人员，并应当定期接受职业道德、业务和法制的后续教育和培训

二、现金

（一）现金的会计处理

1. 现金的序时核算

企业现金收支业务十分频繁，为能及时掌握企业现金收付动态及库存情况，企业应设置现金日记账，进行序时核算。对有外币现金的企业，其人民币现金与各种外币现金应分别设置现金日记账进行核算。

企业现金日记账应指定专门出纳人员根据审核无误的原始凭证和现金收款凭证、付款凭证，按照业务发生的时间顺序逐日逐笔登记。每日终了，应计算当日的现金收入合计数、现金支出合计数及现金结存数，并将账面结存数与实际库存数进行比较，做到账实相符。月末应将日记账余额与总分类账余额核对相符，做到账账相符，日清月结。

2. 现金的总分类核算

为了总括反映企业库存现金的收入、支出及结存情况，应设置"库存现金"账户。借方登记库存现金的增加数，贷方登记库存现金的减少数，期末余额在借方，反映库存现金的结存数。

"库存现金"账户应由不从事出纳工作的会计人员登记。登记时，既可直接根据现金收付记账凭证和银行存款付款凭证，按照业务发生的先后次序逐笔登记，也可定期汇总有关记账凭证，采用汇总记账凭证或科目汇总表等核算形式进行登记。

①现金收入的账务处理。企业收入现金的主要途径是：从银行提取现金，收取转账起

点以下的小额销售款，职工交回的差旅费剩余款，无法查明原因的现金溢余等。

②现金支出的账务处理。企业支付现金必须遵守国家关于现金管理制度的规定，在允许的范围内办理现金支付业务。

3. 现金清查的核算

现金清查，是指对库存现金的盘点与核对。依照现金管理制度的规定和要求，企业库存现金的账面数应随时与实际数保持一致。但由于现金的流动性极强，企业在复杂的经营环境中，出于各种原因，难免会出现现金账面数与实际数的不一致而造成现金溢缺。当实际库存金额大于账面数时，称作长款；当实际库存金额小于账面数时，称作短款。

现金的清查，包括出纳人员的每日清点核对和清查小组的定期或不定期的核查。清查的方法是实地盘点，将盘点数与账面数进行核对。现金清查主要检查是否存在挪用现金、白条抵库、超限额留存现金等现象，以及账款是否相符。如果发现有未查明原因的现金短缺或现金溢余，应通过"待处理财产损溢——待处理流动资产损溢"账户及时进行相应的会计处理。该账户借方登记现金短缺数，贷方登记现金溢余数。转销时记入相反方向。

对现金短缺，属于应由责任人或保险公司赔偿的部分，记入"其他应收款"账户；属于无法查明原因的部分，根据管理权限，在报经有关部门批准后，记入"管理费用"账户。

对现金溢余，属于应支付给有关单位或人员的部分，记入"其他应付款"账户；属于无法查明原因的部分，在报经批准后，记入"营业外收入"账户。

（二）零用现金制度

企业的现款，除由财会部门集中保管的库存现金外，为方便企业采购人员、办公室人员等业务人员日常零星开支的需要，减少审批、领用、报销等的工作量，按照重要性原则，常提存一笔固定金额的零用现金，交专人保管，以备日常零星开支之用，这部分现金通常称为备用金。等实际报销时，再根据报销凭证获取现金，补充定额的不足。这种现金管理制度通常称为"定额零用现金制度"。

采用定额零用现金制度的企业，一般采取先领后用、定期报销的核算办法。事先由财会部门根据实际需要提出一笔固定的备用金由专人领出，按规定的用途使用，定期或备用金不敷支出时，凭单据向会计部门报销，并补足其原定额。

企业备用金的会计处理，一股通过"其他应收款"账户核算，也可专设"备用金"账户处理。

三、银行存款

(一) 银行结算方式

根据中国人民银行有关支付结算方法的规定，目前企业发生的货币资金收付业务可以采用以下九种方式，通过银行办理转账结算。

1. 汇兑

汇兑，指汇款人委托银行将其款项支付给收款人的结算方式。汇兑是异地结算的一种，有电汇和信汇两种方式，由汇款人根据需要选择使用。信汇是指汇款人委托银行通过邮寄的方式将款项划转给收款人；电汇是指汇款人委托银行通过电报将款项划转给收款人。汇兑结算方式适用于单位、个体经营者和个人之间各种款项的结算，方便汇款人主动付款。

采用汇兑结算方式时，汇款单位应根据银行汇款回执编制付款凭证；收款单位根据收到的银行收账通知编制收款凭证。

2. 委托收款

委托收款，指收款人委托银行向付款人收取款项的结算方式，同城、异地均可。既适用于在银行开立账户的单位结算，也适用于水电、邮政、电信等劳务款项的结算，且不受金额起点的限制。单位或者个人凭已承兑商业汇票、债券、存单等付款人债务证明办理款项的结算，均可以使用委托收款结算方式。委托收款结算款项的划回方式分邮寄和电报两种，由收款人选用。委托收款提示付款期为 3 天。这种方式方便收款人主动收款。

采用委托收款结算方式时，收款单位委托开户银行收款时，应填写委托收款结算凭证，并提供有关债务证明；在收到银行的收款通知时，据以编制收款凭证。付款单位应在接到委托收款凭证和有关债务证明的次日起 3 天内主动通知银行是否付款。如在付款期满前提前付款的，应于银行通知付款之日编制付款凭证。如拒绝付款，属于全部拒付的，不做账务处理；属于部分拒付的，应在付款期内出具部分拒付理由通知书并退回有关单证，根据银行盖章退回的拒付理由书编制付款凭证。

3. 托收承付

托收承付，指根据购销合同由收款人发货后委托银行向异地付款人收取款项，由付款人审核发货单或验货后向银行承诺付款的结算方式。这种方式适用于买卖双方订有购销合同的商品交易。使用托收承付结算方式的收款单位和付款单位必须是国有企业、供销合作社以及经营管理较好，并经开户银行审查同意的城乡集体所有制工业企业。办理托收承付结算的款项，必须是商品交易，以及因商品交易而产生的劳务供应的款项。代销、寄销、赊销商品的款项不得办理托收承付结算。托收承付结算款项的划回方式分邮寄和电报两种，由收款人选用。

收款人向银行办理托收时，应向银行提供符合规定的购销合同、商品确已发运的证件或其他证明。

承付时，承付货款分验单付款与验货付款两种，由收付双方商量选用，并在合同中明确规定。对验单付款方式，购货企业根据经济合同对银行转来的托收结算凭证、发票账单、托运单及代垫运杂费等单据进行审查无误后，即可承认付款。验单付款方式承付期为3天，从付款单位开户银行发出承付通知的次日算起。对验货付款方式，购货企业待货物运达企业，对其进行检验与合同完全相符合才承认付款。验货付款方式的承付期为10天，从运输部门向购货企业发出提货通知的次日算起。无论哪一种方式，付款人都应在承付期内通知银行。若付款人在承付期内未向银行表示拒绝付款，银行则认为同意付款，主动划拨款项。倘若付款人发现货物规格、质量、数量与合同不符，可在承付期内向开户银行提出部分拒付或全部拒付，但不得无理由拒付。

采用托收承付结算方式时，收款单位根据银行收款通知和其他原始凭证编制收款凭证；付款单位根据托收承付结算凭证的承付通知和有关发票账单等原始凭证编制付款凭证。

4. 支票

支票，是指出票人签发的，委托办理支票存款业务的银行在见票时无条件支付确定的金额给收款人或者持票人的票据。

支票分为现金支票、转账支票与普通支票。现金支票只能用于支取现金，转账支票只能用于转账；普通支票既可支取现金，也可用于转账。在普通支票左上角画两条平行线的，为划线支票，划线支票只能用于转账，不得支取现金。

支票的出票人为可以使用支票的存款账户的单位和个人。支票的提示付款期限为自出票日起10日内。出票人不得签发空头支票。对空头支票，银行除退票外，还按票面金额处以5%但不低于1000元的罚款。持票人有权要求出票人赔偿支票金额2%的赔偿金。

采用支票结算方式时，收款单位应于收到支票当日填制进账单，并连同支票送交银行，根据银行盖章退回的交款回执和有关原始凭证编制收款凭证；付款单位应根据付款支票存根和有关原始凭证编制付款凭证。

5. 银行本票

银行本票，指银行签发的，承诺自己在见票时无条件支付确定的金额给收款人或者持票人的票据。单位和个人在同一票据交换区域需要支付各种款项时，均可使用银行本票。银行本票可以用于转账，注明"现金"字样的银行本票可以用于支取现金。但申请人或收款人为单位的，不得申请签发现金银行本票。银行本票按其票面额是否固定，分为定额银行本票与不定额银行本票两种。定额银行本票面额为 1000 元、5000 元、1 万元和 5 万元。银行本票一律记名，可以背书转让。银行本票提示付款期为自出票日起最长不得超过 2 个月。

采用银行本票结算方式时，付款单位应填送"银行本票申请书"并将款项交存银行，在收到银行签发的银行本票后，根据申请书存根联编制付款凭证；收款单位应将银行本票连同进账单送交银行办理转账，在收到银行盖章退回的账单和有关原始凭证时编制收款凭证。

6. 银行汇票

银行汇票，指由出票银行签发的，由其在见票时按照实际结算金额无条件支付给收款人或者持票人的票据。单位和个人各种款项的结算均可以使用银行汇票。银行汇票可以用于转账，填明"现金"字样的银行汇票也可以用于支取现金。但申请人或者收款人为单位的，不得在"银行汇票申请书"上填明"现金"字样。银行汇票可以背书转让，其提示付款期为自出票日起 1 个月。

采用银行汇票结算方式时，付款单位应填送"银行汇票申请书"并将款项交存银行，在收到银行签发的银行汇票后，根据申请书存根联编制付款凭证；收款单位根据银行的收款通知和有关原始凭证填制收款凭证。

7. 商业汇票

商业汇票，指出票人签发的，委托付款人在指定日期无条件支付确定的金额给收款人或者持票人的票据。在银行开立存款账户的法人以及其他组织之间，必须具有真实的交易关系或债权债务关系才能使用商业汇票。采用商业汇票结算方式，可以使企业之间的债权债务关系表现为外在的票据，使商业信用票据化，加强约束力，有利于维护和发展社会主义市场经济。

商业汇票的付款人为承兑人。按承兑人的不同，商业汇票分为商业承兑汇票和银行承兑汇票。商业承兑汇票由银行以外的付款人承兑，可由销货企业或者购货企业签发，但须由购货企业承兑。银行承兑汇票由银行承兑，由在承兑银行开立存款账户的存款人签发，承兑银行将按票面金额向出票人收取万分之五的手续费。所谓承兑，是指汇票付款人承诺在汇票到期日支付汇票金额的票据行为。商业汇票付款期最长不超过 6 个月。商业汇票适用于同城或异地签有购销合同的商品交易。商业汇票一律记名，可以背书转让或贴现。

采用商业承兑汇票结算方式时，收款单位持到期商业承兑汇票送交银行办理收款，在收到银行收款通知时编制收款凭证；付款单位在收到银行的付款通知后编制付款凭证。

采用银行承兑汇票结算方式时，收款单位将到期银行承兑汇票、解讫通知连同进账单送交银行办理转账，在收到银行盖章退回的进账单时编制收款凭证；付款单位在收到银行的付款通知时编制付款凭证。

收款单位凭未到期商业汇票向银行申请贴现时，应按规定填制贴现凭证，并将商业汇票连同解讫通知一并送交银行，根据银行的收款通知编制收款凭证。

8. 信用证

信用证是国际结算的一种主要结算方式。它是进口方银行根据进口方要求，向出口方开立，凭出口方提交的符合信用证条款的单据为前提，在一定期限内支付一定金额的付款承诺。我国从事进出口业务的企业和对外经济合作企业均可采用信用证结算方式。

采用信用证结算方式时，出口方在收到信用证后，即备货装运出口，签发汇票，连同信用证送交出口方银行，根据议付单据和退还信用证等有关凭证填制收款凭证；进口方在接到开证行的备款赎单通知后，根据付款赎回的有关单据编制付款凭证。

9. 信用卡

信用卡，指商业银行向个人和单位发行的，凭以向特约单位购物、消费和向银行存取现金，具有消费信用的特制载体卡片。信用卡按使用对象分为单位卡和个人卡，按信用等级分为金卡和普通卡。单位卡账户的资金一律从其基本存款账户转账存入，不得交存现金，不得将销货收入的款项存入其账户。持卡人可持信用卡在特约单位购物、消费，但单位卡不得用于 10 万元以上的商品交易、劳务供应款项的结算，不得支取现金。在规定的期限和范围内，信用卡允许善意透支，但持卡人必须向银行支付透支利息。

采用信用卡结算方式时，收款单位对当日受理的信用卡签购单，填写汇总计算表和进账单，连同签购单送交银行办理转账，根据银行收款通知填制收款凭证；付款单位根据银行付款通知和有关原始凭证编制付款凭证。

上述各种结算方式的会计处理因结算方式而异。汇兑、委托收款、托收承付和支票结算方式通过"银行存款"账户核算；信用证、信用卡、银行本票和银行汇票结算方式通过"其他货币资金"账户核算；商业汇票结算方式通过"应收票据"账户和"应付票据"账户核算。

（二）银行存款的会计处理

1. 银行存款的序时核算

企业的银行结算业务十分频繁，为能随时掌握银行存款的收入、支出及结存情况，企业应按开户银行和其他金融机构、存款种类等设置银行存款日记账，进行序时核算。

银行存款日记账由出纳人员根据审核后的银行存款收款凭证、付款凭证和有关的现金付款凭证，按照业务发生的先后次序，逐日逐笔登记。每日终了应结出余额，月末结出本月收入合计数、付出合计数及月末结存数，并且定期与银行对账单核对记录，至少每月一次。

有外币存款的企业，应分别按人民币存款和外币存款进行明细核算。

2. 银行存款的总分类核算

银行存款的总分类核算，是指由会计人员在银行存款总分类账上总括地反映、监督银行存款的收支及结存情况。为了总括反映企业存入银行或其他金融机构的各种款项，反映银行存款的收支及结存情况，企业应设置"银行存款"账户。借方登记企业存入银行的款项，贷方登记企业提取或支付的款项，期末余额在借方，反映企业存放在银行或其他金融机构的各种款项。我国不允许透支，即不允许出现贷方余额。

（三）银行存款清查的核算

企业与外界交易，大多通过银行进行结算，因而企业在银行开设的往来账户，进出极为频繁，企业和银行都难免发生漏账和错账的情况。为了灵活调度企业资金，确保企业信誉，做到有效经营，企业必须随时保证存款余额正确。同时，为了及时监督银行存款的收支结存情况，查明银行存款的实际余额，企业的出纳人员应定期对银行存款进行清查。银行存款的清查方法与现金不同，是通过对账进行的。银行存款的对账包括三个方面：一是银行存款日记账与银行存款收、付款凭证进行核对，做到账证相符；二是银行存款日记账与银行存款总账相互核对，做到账账相符；三是在账账相符的基础上，银行存款日记账与银行提供的银行存款对账单逐笔核对。

如果二者记录不一致，则可能由下列两个原因造成：①企业和银行任一方或双方记录错误；②出现正常未达账项。对第一种原因，经过核对会计记录与原始凭证，可以找出错误，予以更正。

所谓未达账项，是指企业与银行一方已经入账，而另一方由于未收到结算凭证尚未入账的款项。产生未达账项的原因主要在于双方记账存在时空差异。未达账项一般有以下四种情况（见表2-3）。

表 2-3　未达账项的情况

情况	内容
一	企业已付款入账，而银行尚未付款入账的款项，如银行代企业支付公用事业费用和向企业收取的借款利息等
二	银行已付款入账，而企业尚未付款入账的款项，如企业开出的转账支票，而对方尚未到银行办理转账手续的款项等
三	银行已收款入账，而企业尚未收款入账的款项，如企业存入其他单位开来的转账支票等
四	企业已收款入账，而银行尚未收款入账的款项，如托收货款和银行支付给企业的存款利息等

会计实务中，当发生记账错误或发生未达账项，引起企业银行存款账面余额与银行对账单余额不符时，应逐笔核对，查明原因，并通过编制"银行存款余额调节表"进行调节。调节公式如下：

银行存款日记账余额+银行已收、企业未收的款项-银行已付、企业未付的款项=
银行对账单余额+企业已收、银行未收的款项-企业已付、银行未付的款项

调节后，银行存款日记账余额应与银行对账单余额相同。调节后的银行存款余额，是企业可以动用的银行存款实有数。

需要注意的是，银行存款余额调节表只是用来核对企业与银行的记账有无错误，不能作为记账的依据。对银行已经入账而企业尚未入账的未达账项，不可在编制调节表时任意增减，一定要等结算凭证到达后才能进行账务处理。

四、其他货币资金

①外埠存款。外埠存款是指企业到外地进行临时或零星采购时，汇往采购地银行并以汇款单位名义开立采购专户的存款。

采购员赴外地采购货物时，一则为了结算方便，二则为了保证货币资金安全，常采用在采购地开设采购专户的方法，将企业资金汇往采购地点，方便采购业务的开展。采购资金存款不计利息，除采购员差旅费可以支取少量现金外，一律转账结算。采购专户只付不收，付完结束账户。

②银行汇票和银行本票存款。银行汇票存款和银行本票存款是指企业为取得银行汇票和银行本票，按规定存入银行的款项。二者的核算程序与核算方法大体相同，所不同的是银行汇票适用于异地结算，银行本票适用于本地结算；银行汇票的多余款项可由银行自动

退交汇款人，而银行本票只办理全额结算，结算后的多余款项须用支票、现金等其他方式退回付款人。

第二节 应收款项

一、应收票据

（一）应收票据概述

1. 应收票据的特点

应收票据是应收款项的主要形式之一。票据是具有一定格式的书面债据，是由出票人签发的在到期日向债权人或被背书人无条件支付一定款项的书面承诺，包括汇票、本票和支票。企业所持有的尚未兑现或尚未到期的各种票据称为应收票据。在我国，除商业汇票以外，大部分票据都是即期票据，可以即刻收款或存入银行成为货币资金，不需要作为应收票据核算。因此，在我国应收票据仅指企业持有的未到期或未兑现的商业汇票。

应收票据与应收账款相比，具有以下两个明显的特点。

①应收票据是代表债权债务的书面证明，比应收账款具有更强的偿还特征。应收账款是建立在商业信用基础上的赊账，无法律约束；应收票据则有债务人的签字承诺，偿付条件以书面形式做了明确规定，受到国家票据法规的保护，有法律保证。

②应收票据比应收账款具有更强的流通性。应收票据是一种流通有价证券，在票据到期前，如持票人需用现金，经债权人背书后可以自由转让，或向银行申请贴现，具有很强的变现能力。应收票据在资产负债表中位于应收账款之前，是仅次于现金和银行存款的货币性流动资产。

2. 应收票据的分类

（1）按是否计息分类

商业汇票按其是否计息可分为不带息商业汇票和带息商业汇票。

不带息商业汇票是指票面上没有标明利率，到期时承兑人只需按票面金额（面值）向收款人或被背书人支付款项的汇票，其到期价值等于其面值。

带息商业汇票是指票面上注明利率和付息日期，到期时承兑人必须按票面金额加上按票据规定的利率计算的应计利息向收款人或被背书人支付款项的汇票，其到期价值等于票面金额加上按票面利率计算的到期利息。

（2）按承兑人分类

商业汇票按承兑人的不同可分为银行承兑汇票和商业承兑汇票。承兑，指汇票的付款人按照票据法的规定，在汇票上记载一定的事项，以表示其愿意支付汇票金额的票据行为。经过承兑的汇票称为承兑汇票。汇票必须承兑，以保障票据的债权请求。

银行承兑汇票是指由收款人或承兑申请人签发，并由承兑申请人向开户银行申请，经银行审查同意承兑的票据。银行根据有关政策规定对承兑申请人所持汇票和购销合同进行审查，符合承兑条件的，即与承兑申请人签订承兑协议，在汇票上签章，并按票面金额向出票人收取万分之五的承兑手续费。汇票到期时，无论承兑申请人是否将票款足额缴存其开户银行，承兑银行都应向收款人或贴现银行无条件履行付款责任。

商业承兑汇票是指由收款人或付款人签发，并经付款人承兑的汇票。商业承兑汇票必须由付款人承兑，且承兑不得附有条件，否则视为拒绝承兑。付款人对其承兑的汇票负有到期无条件支付票款的责任。银行只负责在汇票到期日凭票将款项从付款人账户划转给收款人或贴现银行，如果付款人银行存款余额不足以支付票款，银行则退票，不再承担付款责任，后果由双方自行处理。

（3）按是否带有追索权分类

商业汇票按是否带有追索权可分为带追索权的商业汇票和不带追索权的商业汇票。追索权是指企业在转让商业汇票情况下，接收商业汇票转让方在商业汇票遭拒或逾期时，向该商业汇票转让方索取应收金额的权利。企业在转让商业汇票时可以背书转让，也可在必要时向银行申请贴现。商业汇票在转让他人时，须由企业或个人在票据背面签章，并注明签章日期，这种行为称为背书。票据法规定，持票人转让票据时必须背书，单纯交付不产生票据法上的效力。背书生效后，背书人即成为票据上的债务人，即票据背书人负有一定法律责任，除非背书时注明"无追索权"，否则票据到期时，如出票人或付款人不能如数兑付，收款人有向背书人追索之权，此时，背书人负有连带付款责任。

（二）应收票据的确认与计价

应收票据的确认，主要解决如何确定其入账价值。理论上有两种处理方法：一种是按票据的面值确认；另一种是按票据未来现金流量的现值确认。由于后者考虑了货币的时间价值，理论上更为可取。但由于我国目前允许使用的商业汇票最长期限为6个月，利息金额相对不大，采用现值记账不仅计算麻烦，而且还需对其溢价或折价逐期进行摊销，增加了核算的工作量，不符合成本效益原则。因而会计实务中一般按面值确认其入账价值。对带息应收票据，还应于中期期末和年度终了，按该应收票据的票面价值和确定的票面利率计提利息。所以，不带息票据的到期价值即为票据面值，带息票据的到期价值应是票据的面值与其利息之和。带息票据的到期值可由下式计算：

$$带息票据到期值 = 票面价值 × （1 + 票面利率 × 时间）$$

上式中的利率是指票面规定的利率，一般以年利率表示。如需换算成月利率或日利率，则每月统一按 30 天计算，全年按 360 天计算。

上式中的时间为从出票日起至票据到期日止的时间长度，通常有两种表示方法：一是以月数表示，按月计息。计算时以次月同一日为一个月，如一张 3 个月到期的商业汇票，出票日为 6 月 3 日，则其到期日应为 9 月 3 日。二是以日数表示，按日计息。计算时以实际日历天数计算到期日，通常采用"算头不算尾"或"算尾不算头"的方法，即到期日或出票日不计。如一张 90 天到期的商业汇票，出票日为 6 月 3 日，则到期日应为 9 月 1 日。

（三）应收票据基本业务的会计处理

票据一经确立，原来的商品赊销关系就转化为票据的权利和义务，即商品交易关系转变为债权债务关系，商业信用票据化。企业有关应收票据的核算，应通过专门设置的"应收票据"账户进行。借方登记企业因销售商品、产品等而收到的商业汇票的票面价值，以及带息票据期末计提的利息；贷方登记应收票据到期收回时的票面余额，或者转让给他人及未到期向银行申请贴现的贴现票据的票面余额，期末余额在借方，表示企业持有的商业汇票的票面价值和应计利息。另外，企业还应设置"应收票据备查簿"，逐一记录每笔应收票据的种类、号数和出票日期、票面金额、票面利率、交易合同号和付款人、承兑人、背书人的姓名或单位名称、背书转让日、到期日、贴现日、贴现率和贴现金额、未计提的利息，以及收款日期和收回金额、退票情况等资料；应收票据到期结清票款或退票后，再在备查簿中逐笔注销。

企业应在收到开出、承兑的商业汇票时，按应收票据的票面价值入账，借记"应收票据"账户，并同时反映营业收入，贷记"主营业务收入"等账户。带息应收票据如果在中期期末或年末尚未到期，按权责发生制原则，应在期末计提利息，记入"应收利息"账户，同时冲减"财务费用"。商业承兑汇票到期时，若承兑人无力承兑票款而退票，且付款人不再签发新票据时，应将票据面值与应计未收利息之和一并转为应收账款。

到期不能收回的带息应收票据，转入"应收账款"账户核算后，期末不再计提利息，其所包含的利息，在有关备查账簿中进行登记，待实际收到时再冲减收到当期的财务费用。

（四）应收票据的贴现

持有应收票据的企业，在应收票据到期之前，如欲提前取得货币资金，可将票据经过背书后向银行通融资金，这种用票据向银行通融资金的方式称作贴现。银行按一定的利率从票据价值中扣除贴现日至票据到期前一日的利息（承兑人在异地的，贴现利息的计算应另加 3 天的划款日期），将余额兑付给企业。计算时所使用的利率称作贴现率，被扣减的利息称作贴现息，按贴现率计算的贴现息相当于企业付给银行的利息费用（含手续费）。票据到期值扣除贴现息以后的余额，即为企业在贴现业务中可得到的收入，简称为贴现收入或贴现净额。

对应收票据的贴现，一般会计处理方法是：不带息票据贴现时，计入财务费用的金额即为贴现息；带息票据贴现时，计入财务费用的金额为贴现息与未确认票据息之差，前者大于后者作为财务费用列支，后者大于前者冲减财务费用。

贴现天数 = 贴现日至票据到期日实际天数 - 1（承兑人在异地的再加 3 天）

贴现息 = 票据到期价值 × 贴现率 × 贴现天数 ÷ 360

贴现净额 = 票据到期价值 - 贴现息

应收票据贴现时，该票据必须背书。在"无追索权"方式下，背书人，即持有应收票据的企业，在向被背书人（一般为银行）转移票据所有权利益的同时，也向对方转嫁了票据的全部风险，经过贴现以后的票据在到期时如果付款人因故不能偿还，背书人无须承担连带偿付责任，应收票据贴现后即从账簿记录中注销。但在多数情况下，银行都会要求应收票据贴现采用"有追索权"方式。这样，经过贴现的票据，若到期时付款人无力偿付，背书人则要承担连带偿付责任，即背书企业承担了潜在的、或有的债务，称为"或有负债"。发生这种情况时，银行会立即向贴现申请企业寄发"拒付通知书"说明票据被拒付，并按规定将票据退回给贴现申请企业，从贴现申请企业账户中收取已贴现的票款和其他财务费用，这时企业应按向银行支付本息金额数借记"应收账款"账户，贷记"银行存款"账户，并在当期资产负债表的附注中披露该项或有负债。如果贴现申请企业的"银行存款"账户余额不足以支付已贴现的票款和相关财务费用，银行则作逾期贷款处理。此时，企业应借记"应收账款"账户，贷记"短期借款"账户。

企业持有的应收票据不得计提坏账准备，待到期不能收回的应收票据转入应收账款后，再按规定计提坏账准备。但是，如果有确凿证据表明企业所持有的未到期应收票据不能够收回或收回的可能性不大时，应将其账面余额转至应收账款，并计提相应的坏账准备。

（五）应收票据转让

企业可以将所持有的商业汇票背书转让。应收票据转让是指持票人因偿还前欠货款等原因，将未到期的商业汇票背书后转让给其他单位或个人的业务活动。

企业将持有的应收票据背书转让，以取得所需物资时，按应计入取得物资成本的价值，借记"材料采购"或"原材料""库存商品"等账户，按取得的增值税专用发票上注明的增值税税额借记"应交税费——应交增值税（进项税额）"账户，按应收票据的账面余额贷记"应收票据"账户，如有差额，借记或贷记"银行存款"等账户。

二、应收账款

（一）应收账款的确认

企业生产经营的目的是向社会销售商品、产品或提供劳务，并通过商品、产品的销售或劳务的提供取得货币资金，以弥补生产经营过程的资金耗费，从而实现企业经营成果。但由于结算方式的不同，主要由于赊销（分期付款销售也属于赊销），企业在销售商品、产品或提供劳务的过程中，必然有一部分价款不能随着销售收入的实现而立即取得，从而形成应收账款，也称应收销货款。

应收账款的确认与销售收入的确认有密切的联系。企业的销售收入，按照准则的规定，应在满足以下四个必要条件时予以确认：①企业将商品所有权上的主要风险和报酬转移给购货方；②企业既没有保留通常与所有权相联系的继续管理权，也没有对已售出商品实施控制；③与交易相关的经济利益能够流入企业；④相关的收入和成本能够可靠地计量。这就意味着在销售成立时，既确认了销售收入，又同时确认了应收账款。虽未取得现金，但已取得未来收取现金的权利，即表明商品、产品销售或劳务提供过程已经完成，债权债务关系已经形成的书面文件，如购销合同、发票和发货单等确认应收账款的依据已经取得。

以上所述只是说明一般行业和一般条件下确认销售收入的原则，对某些特殊行业或特殊条件下的销售业务，如分期付款销售和长期工程合同，其销售收入和相应的应收账款的确认还应遵循一些特定的规则。

（二）应收账款的计价

在通常情况下，企业应按实际发生的交易价格确认应收账款的入账金额，包括发票价款和代购货单位垫付的包装费、运杂费两个部分。但在实际经营过程中，由于某种原因，应收账款的收回数会与其发生数不一致，这些原因涉及商业折扣、现金折扣、销货退回和销售折让。因此，在实际计价时必须合理地确定应收账款的入账金额。

1. 商业折扣

在存在赊销和商业信用的情况下，为了推销商品或产品，及早收回货款，企业往往愿意给予客户一定的销售折扣。销售折扣有两种形式：商业折扣和现金折扣。

商业折扣，是指在实际销售商品、产品或提供劳务时，从价目单的报价中给予的折扣。商业折扣基于多方面的原因，是企业常用的一种促销手段，一般以百分数表示，如5%、10%等。

商业折扣一般在交易时即已确定，不需要在交易双方任何一方的账上反映，商业折扣对应收账款的入账价值没有任何影响。因此，在提供商业折扣的情况下，企业应按扣除商业折扣后的实际售价确认为应收账款的入账金额，而对折扣额不做单独反映。

2. 现金折扣

现金折扣，是指销货企业为了尽早回笼资金鼓励客户在一定期限内及早偿还赊欠货款而给予客户的一种优惠，这一期限称为信用期限。如果客户能在短于信用期限的折扣期限内付款，允诺对销售货款给予一定比例的扣减。现金折扣使销货企业应收账款的实收金额，随着客户付款时间的不同而有所差异。现金折扣的条件通常用一定形式的术语来表示，如（2/10、1/20、N/30）或（2/10、N/EOM）。

2/10：表示客户在10天内付款可享受2%的比例折扣。

1/20：表示客户在11~20天内付款可享受1%的比例折扣。

N/30：表示客户在21~30天内付款不享受折扣优惠，应按原价全额付款。

EOM意思是End of Month。

就销货企业而言，提供现金折扣有利于早日回笼资金，促使购货企业及早偿还赊欠货款，以加速资金周转；而对购货企业来说，接受现金折扣无异于得到一笔可观的理财收益。以"2/10，N/30"的折扣条件为例，客户在10天内付款即相当于得到36.5%的年收益 $[0.02 \div (20/365)]$，足以补偿因提前付款而发生的利息成本。因此，只要资金能周转过来，客户一般都会接受现金折扣。

现金折扣与商业折扣有所不同。第一，目的不同。前者是债务扣除，后者为价格扣除。第二，发生的时间不同。前者发生于销售之后、客户付款之时，后者发生于销售之时。第三，对纳税影响不同，前者在销售之时尚难确定是否发生，确认流转税时一般不予考虑，后者因属价格扣除，税款应按实际成交价格征收。

在现金折扣条件下，对应收账款的入账金额有两种不同的确认方法，即总价法与净价法。

总价法又称全价法，即按扣除现金折扣前的总金额确认销售收入和应收款项。如果客户在折扣期间付款而获得现金折扣，则以实际收到的价款连同给予客户的现金折扣一起作为应收账款的减少。在编制利润表时，给予客户的现金折扣视为加速资金周转的理财费用，作为财务费用处理。总价法操作简便，较好地反映了企业销售的全过程。

净价法，即按扣除现金折扣后的净额确认销售收入和应收款项。净价法假定客户一般都会得到现金折扣，自动放弃只是例外情况。对客户丧失的现金折扣可视为提供信贷而获得的收入冲减财务费用，同时增加应收账款。

从理论上分析，净价法比总价法更为合理，因为在市场经济条件下，客户得到现金折扣是一种正常的经济现象。净价法正是基于这一点，按预期可实现的净值确认应收账款，销售收入则按不包括现金折扣的现款交易价格计量，从而能较为客观地反映企业的财务状况和经营成果。但当客户已过折扣期限付款时，由于账上是以净额反映的，必须再查对原销售总额，并调整会计分录，手续较麻烦，加大了工作量。在会计实务中，我国现行会计制度规定采用总价法。

3. 销货退回与销售折让

企业已经销售出去的商品或产品，常会因品种、规格、质量不符合客户的要求而遭全部或部分退回，称为"销货退回"；或购销双方通过协商后对这部分商品不做退回处理，而在赊欠的销货金额上给予一定数额的扣减，称为"销售折让"。销售退回是已销商品或产品的全部或部分取消，是商品或产品销售收入的减少；销售折让是应收账款的部分减少。无论销货退回或销售折让，都是在已经确认销售收入和应收账款之后发生的，不会影响应收账款金额的确认，但会使企业减少未收回的应收账款。因此，在会计实务中，对销货退回和销售折让可合并设置"销货退回与折让"账户核算。会计实务中，应注意发生销货退回和折让的情况可能在货款支付之前，也可能在货款支付之后。

（三）应收账款的会计处理

为了核算应收账款的增减变动情况，企业应设置"应收账款"账户。该账户属资产类，借方登记企业因销售商品、产品和提供劳务而应向购货单位或接受劳务的单位收取的款项，代购货单位垫付的包装费、运杂费，商业承兑汇票到期时对方企业无力支付的款项，以及已冲减坏账准备的坏账损失收回；贷方登记企业收到的货款和代垫的费用，企业应收账款改用商业承兑汇票结算并收到商业承兑汇票，以及已被确认为坏账损失的应收账款，已转销的坏账损失又收回的货款。

期末余额一般在借方，表示企业尚未收回的赊销账款；如果发生贷方余额，则反映企业溢收的货款。该账户应按不同的购货单位或接受劳务的单位设立明细账，进行明细分类核算，以反映这些单位赊销货款的发生、收回和结存情况。

企业因销售业务发生应收账款时，应借记"应收账款"账户，贷记"主营业务收入""其他业务收入"等账户；收到货款时，应借记"银行存款"等账户，贷记"应收账款"账户。

企业代购货单位垫付包装费、运杂费时，应借记"应收账款"账户，贷记"银行存款"等账户；收回代垫费用时，应借记"银行存款"等账户，贷记"应收账款"账户。

企业应收账款改用商业汇票结算，在收到承兑的商业汇票时，应借记"应收票据"账户，贷记"应收账款"账户。

（四）坏账

1. 坏账损失的会计处理

对于坏账损失，会计上有两种基本的处理方法。

（1）直接转销法

采用直接转销法时，日常核算中对应收款项可能发生的坏账损失不予考虑，只是在特定应收账款被确认为坏账时，才将该笔坏账作为损失计入期间费用并同时予以注销。即借记"管理费用"账户，贷记"应收账款"账户。

直接转销法虽然在会计处理上较为简便，但忽视了坏账损失与赊销业务之间的联系，未考虑在发生赊销业务的同时就蕴含着发生坏账损失的可能性，而只是等到坏账业已发生后才将该笔坏账损失确认为当期费用。这样，收入和与之相关的坏账费用不是在同一会计期确认，显然既不符合权责发生制原则，也不符合收入与费用相互配比的原则。一方面，会导致各期收益的不实，无法真实反映各期的资源经营责任；另一方面，在资产负债表上，由于应收账款按其账面金额反映，从而在一定程度上也歪曲了期末的财务状况，致使企业发生大量陈账、呆账、长年挂账，得不到处理。因而，企业一般不采用直接转销法处理坏账损失。

（2）备抵法

备抵法，指根据收入与费用配比原则，通过设立坏账准备账户，事先按期估计坏账损失，记入管理费用，形成一笔坏账准备金；待坏账实际发生时，再冲减坏账准备和相应应收账款的方法。

计提坏账准备是谨慎性原则在会计实务中的运用。销售收入和与之相关的坏账损失计入同一期间的损益，在时间上保持了一致，符合配比原则的要求；同时在资产负债表上，应收账款既按其期末账面余额又按其扣除坏账后的可实现价值反映，与最终实际可收到的应收账款相接近，较为真实地反映企业的财务状况。因而，备抵法具有下述优点：①预计不能收回的应收账款作为坏账损失及时计入费用，避免企业虚增利润；②在报表上列示应收账款净额，使报表阅读者更能了解企业真实的财务状况；③使应收账款实际占用资金接近实际，消除了虚列的应收账款，有利于加快企业资金周转，提高企业经济效益。

在备抵法下，其会计处理主要通过设置"坏账准备"账户来进行，该账户核算企业提取的坏账准备，贷方登记估计的坏账损失数，借方登记实际发生的坏账损失数，年末贷方余额为已经计提但尚未冲销完的坏账准备数。

运用备抵法，必须事先估计坏账损失。由于企业应收账款发生坏账损失的可能性带有极大的不确定性，因此，对坏账损失的估计是否切合实际，便成为备抵法运用是否得当的关键。对坏账损失的估计有销货百分比法、余额百分比法、账龄分析法和个别认定法四种。

①销货百分比法。销售业务分现销和赊销两种，现销不会产生坏账，所以，销货百分比法以赊销金额的一定百分比作为估计坏账损失的金额。一个经营多年的企业可以对历史上赊销金额中坏账所占百分比作出计算，然后以此百分比来估计将来赊销的坏账损失。

销货百分比法的出发点是，坏账损失的产生与赊销业务紧密相关，当期赊销业务越多，产生坏账损失的机会就越大。在赊销总额中，应将已发生的折扣、折让或退回从中扣减，以赊销净额作为估计坏账损失的基础，因为已经折扣、折让或退回部分不会再产生坏账。坏账损失占赊销金额的百分比可用下式计算：

$$估计坏账百分比 = （估计坏账损失 - 估计坏账收回）÷估计赊销$$

赊销净额是一期间数，即一定期间的累计发生数，而与其相关的坏账损失也是一期间数，且全部作为期间费用，在确定期间损益时与当期销售收入相配比，因此，销货百分比法着眼于利润表的正确性，强调收入与费用的正确配比，故常称为"利润表法"。

②余额百分比法。应收账款余额百分比法根据会计期末应收账款的余额乘以估计坏账率来估计坏账损失数额。估计坏账率可以按照以往的数据资料加以确定，也可根据规定的百分率计算。从理论上讲，这一比值应按坏账占应收账款的概率计算。企业发生的坏账越多，相应的比例就高些；反之则低些。一般而言，应收账款在本期末的余额越大，下期将发生坏账损失的风险就越大。

这种方法的出发点是，坏账损失发生数额的多少与应收账款的期末余额相关联，其期末余额越大，发生坏账损失的风险就越高。根据应收账款期末余额的一定百分比来估计坏账损失，显然它是一时点数。可以看出，该方法着眼于资产负债表的正确性，强调反映应收账款的可实现净额，所以又称为"资产负债表法"。

③账龄分析法。客户欠款的时间有长有短，账龄分析法是根据应收账款拖欠时间的长短来分析确定坏账可能发生的比率，从而估计坏账损失数额的方法。一般而言，客户所欠账款超过结算期的时间，即账龄越长，收回账款的可能性就越小，需要有较大的坏账备抵比率。

账龄分析法的出发点是，可能发生的坏账损失数额与账龄长短相关联，账龄越短，收回账款的可能性就越大，发生坏账的可能性就越小；相反，账龄越长，收回账款的可能性就越小，发生坏账的可能性就越大。运用账龄分析法，关键在于对不同账龄的应收账款可能发生的坏账百分比须进行正确的估计。这种方法有助于企业及时了解各客户的信用状况和对应收账款的控制，但计算烦琐，工作量较大。

采用账龄分析法计提坏账准备时，在收到债务单位当期偿还的部分债务后，剩余的应收账款不应改变其账龄，仍应按原账龄加上本期应增加的账龄确定。如果对同一债务单位存在多笔应收账款，且各笔应收账款账龄不同，在收到该债务单位偿还的部分债务时，应逐笔确认收到的是哪一笔应收账款。如果无法确认，则按照先发生先收回的原则确定。

④个别认定法。个别认定法是指根据每一应收账款的具体情况来估计坏账损失的方法。

需要说明的是，在采用余额百分比法、账龄分析法等方法的同时，能否采用个别认定法，应当视具体情况而定。如果某项应收账款的可收回性与其他各项应收账款存在明显差别，导致该项应收账款如果按与其他应收账款同样的方法计提坏账准备，将无法真实反映其可收回金额的，可考虑对其采用个别认定法。

企业在编制计提坏账准备的会计分录时应注意：如果期末估计坏账，即按上述方法计算金额数与估计坏账前"坏账准备"账户的余额不符时，应予以调整，冲回多提或补提少提的坏账准备，使调整后"坏账准备"账户的贷方余额与本期所估计的坏账数额一致。具体可按下述公式计算：

当期应提取的坏账准备＝当期按应收款项计算应提取坏账准备金－

坏账准备科目的贷方余额

如果当期按应收款项计算应提取坏账准备金额大于坏账准备账户的贷方余额，应按其差额提取坏账准备；如果当期按应收款项计算应提取坏账准备金额小于坏账准备账户的贷方余额，应按其差额冲减已计提的坏账准备；如果当期按应收款项计算应提取坏账准备金额为零，应将坏账准备账户余额全部冲回。

企业应根据应收账款的实际可收回情况合理计提坏账准备，不得多提或少提，否则应视为滥用会计估计，须按照重大会计差错更正的方法进行会计处理。

计提坏账准备的方法由企业自行确定，企业应当列出目录，具体注明计提坏账准备的范围、提取方法、账龄的划分和提取比例等。除有确凿证明表明该项应收账款不能收回，或收回的可能性不大外（如债务单位已撤销、破产、资不抵债、现金流量严重不足、发生严重的自然灾害等导致停产而在短时间内无法偿付债务，以及 3 年以上的应收账款），下列各种情况一般不能全额计提坏账准备：当年发生的应收款项；计划对应收款项进行重组；与关联方发生的应收款项；其他已逾期，但无确凿证据证明不能收回的应收款项。

2. 坏账收回

作为坏账已被注销的应收账款，有可能全部或部分重新收回，与坏账的发生具有不确定性一样，坏账的收回亦具有不确定性。坏账得以回收，在某种程度上可以说是企业先前判断的失误，已冲销的应收账款与事实不符，应予以更正。对此，备抵法与直接转销法所作的会计处理不尽相同。

备抵法下，首先应恢复已冲销的应收账款和坏账准备，即借记"应收账款"账户，贷记"坏账准备"账户；同时，还应反映坏账的收回，即借记"银行存款"或"库存现金"账户，贷记"应收账款"账户。直接转销法下，首先应按收回的金额重新确认应收账款的增加，并冲减已入账的坏账费用，即借记"应收账款"账户，贷记"资产减值损失"账户；同时，也应反映收回的账款，借记"银行存款"或"库存现金"账户，贷记"应收账款"账户。

这种首先转回原来的冲销分录，冲减坏账损失，然后按正常收款手续办理的会计处理方法。一则是为了使"应收账款"账户能全面、连续、如实地提供债务人财务状况和信用状况的信息，反映债务人企图重新建立其信誉的愿望和事实；二则是为了使坏账的收回如同转销一样，都通过"坏账准备"账户（备抵法），从而不影响当期损益的确定，避免损益的不正常波动。如此，则"坏账准备"账户集中反映了坏账准备的提取、坏账损失的核销、已作为坏账核销又重新收回的应收账款的情况，使坏账准备的提取、核销、收回、结余反映得更为清楚，便于分析利用。

（五）应收账款的融通

在广泛采用商业信用的市场经济中，赊销占较大比重的企业，往往利用应收账款融通资金，一则规避坏账带来的风险，二则弥补现金或营运资金的不足。常见的应收账款融通业务有两种：应收账款抵借和应收账款让售。

1. 应收账款抵借

应收账款抵借是指应收账款持有者（承借人）以应收账款作抵押，向银行或其他金融机构（出借人）取得借款的行为。应收账款抵借需由抵借双方签订协议，规定可借款金额占用作抵押的应收账款的最高比例，一般为80%，具体视企业财务状况而定。实际借款时，企业还应出具应付票据。出借人对作为抵押的应收账款享有追索权，即一旦应收账款无须收回或收回的数额不足以偿还借款本息，出借人有向承借人索赔的权利。因而，抵押应收账款对承借人来说是一项或有负债，在财务报告中应以报表附注的形式予以披露。

按照抵押的方式，应收账款抵借可分为总额抵借和特定抵借两种。

（1）总额抵借

总额抵借是指以全部应收账款总额作为抵押物取得借款。当旧的应收账款收回后，新的应收账款继续充当抵押。由于这种抵借方式未具体指定作为抵押的应收账款项目，因而对应收账款无需作专门的会计处理，只需作现金和应付票据的会计分录。

（2）特定抵借

特定抵借是指以特定的一项或多项应收账款作为借款抵押物取得借款。当承借人取得应收账款抵押借款时，意味着普通的应收账款已转为特定的应收账款。通常在应收账款抵借双方签订的协议中须注明以下内容：①由谁负责收回应收账款，一般为承借人；②融资费用如何确定，通常按应收账款的一定比例计算；③哪些是作为抵押的应收账款；④是否通知欠款顾客，一般不通知。

2. 应收账款让售

（1）无追索权让售

在无追索权让售方式下，代理商承担应收账款的坏账损失，出让方承担销售折扣、折让和退回等损失。因而，代理商在购买应收账款时，通常要按一定比例预留一部分款项，备抵出让方应承担的销售折扣、折让和退回等损失，待实际发生销售折扣、折让和退回时，再予以冲销。

（2）有追索权让售

在有追索权让售方式下，如果应收账款的债务人到期无法偿付，出让方应承担向代理商偿付的责任。已让售应收账款所发生坏账损失也因而由出让方承担。对有追索权让售业务的会计处理有两种方法。

①按销售业务处理，即在交易发生时注销应收账款，同时将代理商收取的手续费确认为当期费用。其核算与无追索权让售基本相同，只是还应确认坏账损失。

②按借款业务处理，即在交易发生时不注销应收账款，而是贷记一个负债账户，代理商所收取的手续费则作为融资成本，在应收账款持有期内摊销。当然，也应确认坏账损失。

第三章　存货与投资

第一节　存货

存货是企业在日常或种种持有的以备出售的产成品或商品、处在生产过程中的在产品、在生产过程或提供劳务过程中耗用的材料和物料等。存货一般在一年或一个经营周期内能够转换成现金资产，它是企业流动资产重要的组成部分。

一、存货及其分类

（一）存货的概念和确认条件

1. 存货的特征

存货具有如下特征。

①存货是有形资产，不同于商标权、专利权这些无形资产；

②存货是流动资产，但其流动性低于现金、应收账款等流动资产，存货一般都会在一年或一个经营周期内被销售或耗用并变现，具有较强的变现能力；

③企业持有存货是为正常生产经营中出售或为经过加工后再出售或为生产过程耗用，从而实现存货的价值增值，例如，企业持有材料的目的是生产产品，属于存货，但如果为建造固定资产而购入的工程物资，就不属于存货这项流动资产，而属于非流动资产；

④存货具有实效性和发生潜在损失的可能性，在正常的长期生产经营活动中，存货能够规律地转换为货币资产或其他资产，但长期不能耗用或销售的存货就有可能变为积压物资乃至变质报废，从而造成企业的损失。

2. 存货的确认条件

企业在确认某项资产是否作为存货，首先需要判断该项资产是否符合存货的概念，然后再判断是否同时满足以下两项条件。

①与该存货有关的经济利益很可能流入企业。资产最重要的特征是预期会给企业带来经济利益。如果某一项目预期不能给企业带来经济利益，就不能确认为企业的资产。存货是企业的一项重要的流动资产，因此，对存货的确认，关键是要判断是否很可能给企业带来经济利益或所包含的经济利益是否很可能流入企业。通常情况下，存货的所有权是存货包含的经济利益很可能流入企业的一个重要标志。凡是所有权已属于企业，无论企业是否收到或持有该存货项目，均应作为企业的存货；反之，如果没有取得所有权，即使存放在企业，也不能作为本企业的存货。一般情况下，根据销售合同已经售出（取得现金或收取现金的权利），所有权已经转移的存货，因其所含经济利益已不能流入企业，因而不能再作为企业的存货核算，即使该存货尚未运离企业；而委托代销商品，由于其所有权并未转移至受托方，因而委托代销的商品属于委托企业存货的一部分；在售后回购交易方式下，销货方在销售商品时，商品的所有权已经转移给了购货方，但由于销货方承诺将回购商品，因而仍然保留了商品所有权上的主要风险，交易的实质是销货方以商品为质押向购货方融通资金，销货方通常并不确认销售收入，所销售的商品仍应包括在销货方的存货中。总之，企业在判断存货所含经济利益能否流入企业时，通常应考虑该项存货所有权的归属。

②该存货的成本能够可靠地计量。成本能够可靠地计量是资产确认的一项基本条件。存货作为企业资产的组成部分，要予以确认也必须能够对其成本进行可靠的计量。存货的成本能够可靠地计量必须以取得确凿、可靠的证据为依据，并且具有可验证性。如果存货成本不能可靠地计量则不能确认为存货。

（二）存货范围

凡是在盘存日法定所有权属于企业的一切物品，无论其存放地点，都应作为企业的存货，应在资产负债表内予以反映。因此，判断一项资产是否属于企业的存货，关键要视其法定所有权是否已经发生转移。存货所有权的转移不能根据存货实体所在的空间位置变化来决定，而应根据企业存货购销的权利和义务来确定。

在确定存货范围时，有以下几种情况值得注意。

①凡是按照规定已经开具发票售出，其所有权已经转移的物品，即使货物未离开企业，也不能作为本企业的存货。

②对委托代销、委托加工商品以及外出展销商品等，商品售出以前，其所有权仍属于本企业，应列为企业的存货。

代销商品在出售以前，所有权属于委托方，受托方只是代对方销售商品，因此，代销商品应作为委托方的存货处理。

③已经购入而未收到的运输途中的商品或在途材料，如果其所有权已经归属本企业，则应列为企业的存货。

具体地说，以下三种情况购货方应作为其存货处理：第一，对销货方按销货合同、协议规定已确认销售而尚未发运给购货方的商品；第二，对购货方已收到商品但尚未收到销货方结算发票等凭证的商品；第三，对购货方已确认为购进而尚未到达入库的在途商品。

④对进口货物，应视购销合同的有关条款来处理。

如在起运港船上交货，则货物装船离岸后归属买方所有，列为买方存货；如采用目的地交货，货物运达口岸后才归属为买方存货。

⑤对出口货物，如合同为离岸交货，货物装船离岸后，其所有权转归对方，不能作为本企业的存货；如在目的地交货，在到达目的地之前，这批货物仍属于本企业存货范围。

⑥接受其他单位委托加工、委托代管的货物，虽存放于本企业，但所有权不属于本企业，因而不能列为本企业存货范围。

⑦约定未来购入的商品，由于企业没有实际的购货行为发生，因此，不作为企业的存货，也不确认有关的负债和费用。

(三) 存货的分类

存货按照不同分类角度有多种分类，为了加强对存货的管理，可按照存货的经济用途进行分类和存货的存放地点进行分类。

1. 按经济内容分类

①原材料。指供生产制造产品而购入的各种物品，如原料及主要材料、辅助材料、外购半成品、修理用备件、包装材料、燃料等。

②在产品。指企业各个生产工序上正在加工的产品，以及已加工完毕但尚未验收或已验收但尚未办理入库手续的产品。

③半成品。指已完成一个或几个生产步骤但未完成全部生产工艺过程，已验收合格入半成品库，但需要进一步加工方可销售的中间产品。但不包括从一个车间直接转给另一个车间继续加工的自制半成品以及不能单独计算成本的自制半成品。

④产成品。指已完成本企业的全部生产工艺过程，并已验收合格入库，可以按照合同规定的条件送交订货单位，或可以作为商品对外销售的产品。

⑤商品。指商品流通企业的商品，包括外购或委托加工完成验收入库用于销售的各种商品。

⑥周转材料。指企业能够多次使用但不符合固定资产定义、不能确认为固定资产的各种材料，主要包括包装物、低值易耗品。包装物，是指为包装本企业产品而储备的各种包装容器，如桶、箱、坛等。低值易耗品，是指价值较低或使用期较短不能列为固定资产核算的各种劳动资料，如工具、管理用具、玻璃器皿、劳动保护用品，以及在经营过程中周转使用的容器等。

⑦委托代销商品。指企业委托其他单位代销的商品。

2. 按其存放地点分类

①库存存货。指已经运到企业并已验收入库的各种材料和商品，以及已经验收入库的自制半成品和产成品等。

②在途存货。指企业从外地购入、货款已付但尚在运输途中，或虽已运抵但尚未验收入库的各种材料物资以及商品。

③加工中存货。指本企业正在加工中的存货和委托其他单位加工、但尚未完成加工过程的各种存货。

④在售存货。指企业已经发运给购货方但尚不能完全满足收入确认的条件，因而作为销货方的发出商品、委托代销商品的存货。

3. 按存货来源分类

存货按其来源可分为外购存货、自制存货、委托外单位加工完成的存货、投资者投入的存货、接受捐赠的存货、以非货币性交易取得的存货、通过债务重组取得的存货和盘盈存货、通过企业合并取得的存货等。

二、存货的初始计量

存货的初始计量是指企业在取得存货时，对其入账价值的确定。存货的初始计量以取得存货的实际成本为基础。

存货成本包括采购成本、加工成本和其他成本。我国企业会计准则规定，存货应按照成本进行初始计量。存货成本包括采购成本、加工成本和其他成本。存货的采购成本，包括购买价款、相关税费、运输费、装卸费、保险费以及其他可归属于存货采购成本的费用。存货的加工成本，包括直接人工以及按照一定方法分配的制造费用。存货的其他成本，是指除采购成本、加工成本以外的，使存货达到目前场所和状态所发生的其他支出。

存货的来源不同，其成本（入账价值）也就不同，现按照取得渠道确定其初始计量的金额分别介绍。

（一）外购的存货

1. 外购存货的成本

外购存货的成本包括购买价款和采购费用两部分。

①购买价款。购买价款是指所购货物发票账单上列明的价款，但不包括按规定可予以抵扣的增值税进项税额。

②采购费用。采购费用包括运杂费、运输途中的合理损耗、入库前的挑选整理费和购入存货应负担的税金及其他费用等。

相关税费包括进口关税、小规模纳税人的增值税、购买存货的消费税以及不能从增值税销项税额中抵扣的进项税额。经确认为小规模纳税企业，其采购货物支付的增值税，无论是否在发票账单上单独列明，一律计入所购货物的采购成本；经确认为一般纳税企业，其采购货物支付的增值税，凡专用发票或完税证明中注明的，不计入所购货物的采购成本，而作为进项税额单独核算；用于非应交增值税项目或免交增值税项目的，以及未能取得增值税专用发票或完税证明的，其支付的增值税则计入所购存货的成本。

存货采购过程的运杂费是指存货自来源地运至工地仓库或指定堆放地点所发生的全部费用，主要包括运输费、包装费、装卸费、保险费、仓储费等。需要注意的是，采购成本中不包括采购人员的差旅费，差旅费一般计入期间费用。

运输途中的合理损耗是指存货在运输装卸过程中不可避免的定额范围内的损耗。合理损耗都记入存货采购成本，不合理损耗应向责任人或责任单位索赔，意外损耗造成的净损失记入营业外支出，无法查明原因的其他损耗记入管理费用。

入库前的挑选整理费包括挑选整理中发生的工资支出和必要的损耗（扣除回收的下脚废料价值）应计入存货成本。但是，入库以后发生的仓储费、保管费等则不再计入采购商品的成本，而应计入期间费用。

其他费用，如大宗物资的市内运杂费等。大宗物资的市内运杂费属于存货采购成本。

应当注意的是，市内零星货物运杂费、采购人员的差旅费、采购机构的经费以及供应部门经费等，一般不包括在存货的采购成本中。

2. 外购存货的会计处理

在实际成本法下，外购存货一般通过"原材料"进行反映。根据结算方式和采购地点的不同，可能使验收入库和货款结算不能同步进行。因此，分为以下几种情况。

①存货与发票同时到达企业。企业根据结算凭证、购货发票、运费收据、收料单等结算凭证，对买价及采购费用等直接确认存货成本，可直接记入存货账户。

②存货已验收入库，发票尚未到达企业。购买的货物已运达企业，并已验收入库，但尚未收到供应商的发票和相关凭证，这种情况在月内一般暂时不入账，待结算凭证到达之后再按前面的方法入账。如果到了月末，有关凭证仍然未到达，为了使账实相符，应按暂估价或合同价格借记"原材料"账户，贷记"应付账款——暂估应付账款"账户，下个月初用红字冲回。待有关凭证到达后，再按当月收料付款处理。

③购货发票已到，但存货尚在运输途中或尚未验收入库。结算凭证等单据已到，材料未到或未验收入库，形成在途材料。企业应根据结算凭证、购货发票等记入"在途物资"账户，待材料到达并验收入库，再根据收料单借记"原材料"，贷记"在途物资"。

企业在购买存货时，可以支付现金，也可以通过赊账的方式取得存货。企业按照购货合同的约定预先付款，也可以通过预付账款购买存货。采用预付货款方式购入存货的情况，企业在预付货款时，应按照实际预付的金额确认预付账款；所购存货验收入库时，再按照发票账单等结算凭证确定存货成本，确认存货，同时转销预付账款。

（二）自制存货

自制存货是由企业的生产车间加工制造而取得的。自制存货应按照制造过程中的各项实际支出，作为实际成本。通过设置"生产成本"账户来核算制造过程中所耗费的原料、人工费用和其他费用。自制存货的成本主要由采购成本和加工成本构成，也可能还包括其他成本。

存货的加工成本，是指在存货加工过程中发生的直接人工以及按照一定方法分配的制造费用。其中，直接人工是企业在生产产品过程中，向直接从事生产的工人支付的职工薪酬；制造费用是指企业为生产产品而发生的各项间接费用，包括企业生产部门管理人员的职工薪酬、折旧费、办公费、水电费、机物料消耗、劳动保护费、季节性和修理期间的停工损失等。存货的其他成本是指除采购成本、加工成本以外的，使存货达到目前场所和状态所发生的其他支出，如为特定客户设计产品所发生的设计费用，可直接归属于符合资本化条件的存货、应当计入资本化的借款费用等。其中，符合资本化条件的存货，是指需要经过相当长时间的生产活动才能达到预定可销售状态的存货。企业发生的一般产品设计费用以及不符合资本化条件的借款费用，应当计入当期损益。

（三）其他方式取得的存货

其他方式取得的存货主要包括委托加工存货、投资者投入的存货、接受捐赠的存货、盘盈取得的存货以及通过非货币性资产交换取得的存货等。

①委托加工存货。委托外单位加工完成的存货，以实际耗用的原材料或者半成品、加工费、运输费、装卸费、保险费等费用以及按规定应计入成本的税金，作为实际成本。以下通过委托加工物资的核算来说明。

委托加工物资是指企业委托外单位加工的各种物资。企业通过设置"委托加工物资"账户来核算企业委托外单位加工的各种物资的实际成本。"委托加工物资"账户借方登记发出材料物资的成本、加工费用和运费等其他费用，贷方登记加工完毕验收入库的材料的实际成本，期末余额在借方，表示正在加工未完成的委托加工物资的实际成本。该科目一般按加工企业名称开设明细账进行核算。

需要注意的是委托加工物资的相关增值税和消费税的处理。

增值税的处理。企业要按照受托企业收取的加工费（不含消费税）和规定的增值税率支付增值税，凡属于加工物资用于应交增值税项目并取得增值税专用发票的一般纳税人，可将这部分增值税作为进项税（允许从销项税中扣除），不计入加工物资的成本；凡属加工物资用于非应纳增值税项目或免征增值税项目的，以及未取得增值税专用发票的一般纳税人和小规模纳税人的加工物资，应将这部分增值税计入委托加工物资的成本。

消费税的处理。企业要按规定缴纳消费税（指属于消费税应税范围的加工物资）。消费税按受托方的同类消费品的销售价格计算，没有同类消费品销售价格的，按组成计税价格计算纳税。计算公式：

$$应交消费税 = 同类产品的销售价格 \times 消费税税率$$

$$或 = 组成计税价格 \times 消费税税率$$

应交消费税的委托加工存货，由受托方代收代缴的消费税，有两种情况。

第一，委托加工存货收回后直接用于销售。由受托方代缴的消费税应计入委托加工存货的成本，但该批存货出售后，不需要再交消费税。这种情况下，消费税包含在委托加工物资的成本中：

$$委托加工存货成本 = 发出材料实际成本 + 加工费用 + 运杂费用 + 缴纳消费税$$

第二，委托加工存货收回后用于连续生产应税消费品。按规定缴纳的消费税准予抵扣，计入"应交税费——应交消费税"科目借方，不计入委托加工存货的成本。待用委托加工存货生产出的产品销售时，再交消费税。这种情况下，消费税不包含在委托加工物资的成本中：

$$委托加工存货成本 = 发出材料实际成本 + 加工费用 + 运杂费用$$

②投资者投入的存货。按照投资各方在投资合同或协议约定的价值，确认存货的价值，但合同或协议约定价值不公允的除外。

企业收到投资者投入的存货时，按投资合同或协议约定的存货价值，借记存货各相关科目，按增值税专用发票上注明的增值税进项税额，借记"应交税费——应交增值税（进项税额）"科目，按投资者在注册资本中应占份额贷记"实收资本"或"股本"科目，借贷差额贷记"资本公积"科目。

③接受捐赠的存货。按以下规定确定其实际成本。

捐赠方提供了有关凭据（如发票、报关单、有关协议）的，按凭据上标明的金额加上应支付的相关税费，作为实际成本。

捐赠方没有提供有关凭据的，按如下顺序确定其实际成本：同类或类似存货存在活跃市场的，按同类或类似存货的市场价格估计的金额加上应支付的相关税费，作为实际成本；同类或类似存货不存在活跃市场的，按该接受捐赠的存货的预计未来现金流量现值，作为实际成本。

④盘盈的存货。按重置成本作为入账价值，并通过"待处理财产损溢"账户进行会计处理，按照管理权限批准后，无法确定盘盈原因的，报经批准后，冲减当期管理费用。

⑤通过非货币性资产交换、债务重组和企业合并等方式取得的存货的成本，分别按照非货币性资产交换、债务重组和企业合并准则的相关规定确定。

三、发出存货的计量

（一）存货的实物流转与存货成本流转的假设

存货的流转是企业在生产经营过程中存货的购入、领用、销售所形成的流转过程，它包括实物流转和成本流转两个方面。

企业的存货因生产经营活动的持续进行而不断地处于流入和流出的过程中。从理论上讲，存货的实物流转与成本流转应保持一致，即实物收入和发出时，其账面成本也相应地增加和转出。但在实际工作中，存货的实物流转与成本流转很难保持一致。

由于企业的各种存货是分次购入或多次生产完成的，同一品种、同一规格存货各次采购成本或生产成本也往往不同，因此，发出存货的成本需要采用一定的方法加以确定。在确定存货发出的方法中，实物的流转与成本的流转可能保持一致，也可能不一致，即存在着实物流转与成本流转相分离的情况，出现了存货成本流转假设。

企业应当根据各类存货实物流转的情况、企业管理的要求、存货的性质等实际情况，确定发出存货成本的计算方法，以及当期发出存货的实际成本。企业可以用于确定发出存货成本的方法有个别计价法、加权平均法、移动平均法、先进先出法和后进先出法等。企业会计准则规定，企业在确定发出存货的成本时，可以采用先进先出法、加权平均法或者个别计价法。对性质和用途相似的存货，应采用相同的计价方法。存货的计价方法一旦选定，前后各期应保持一致，并在会计报表附注中予以披露。不同的存货计价方法，将对企业的财务状况和经营成果产生影响。

（二）发出存货的计价方法

1. 个别计价法

个别计价法也称分批认定法，是指用每一批存货购入时的实际单位成本作为该批存货发出时的单位成本，期末结存的存货成本按购入时的单位成本确定。在这种方法下，实物流转与成本流转保持一致。

采用个别计价法进行存货的明细核算，要求保管部门对每批购进的商品分别存放，并为各批存货分别标明进货批次和进价，在存货发出时，应在发货单中填明其进货的批次和单价，以便据以计算该批存货发出的成本，登记库存存货明细账。在发出存货时，按发出数量乘以实际单价计算。如果发出的存货包括两批或两批以上的进货时，也应按两个或两个以上的进价分别计算。个别计价法一般适用于单位价值比较高或容易辨认的存货，如房产、飞机以及珠宝、首饰等贵重物品。

2. 加权平均法

加权平均法也称月末一次加权平均法，是指以期初结存存货数量和本期收入存货数量之和为权数，来确定本月发出存货的加权平均单价，并据以计算存货的发出成本和期末结存成本的方法。

$$发出存货全月一次加权平均单价 = \left(\begin{array}{c}月初结存\\存货成本\end{array} + \begin{array}{c}本月购入\\存货成本\end{array}\right) \div \left(\begin{array}{c}月初结存\\存货数量\end{array} + \begin{array}{c}本月购入\\存货数量\end{array}\right)$$

$$本月发出存货成本 = 加权平均单价 \times 发出存货数量$$

在这种方法下，对于购入存货，不仅在明细账上要登记数量，而且还要记入单价、金额，但对发出材料只登记数量，并随时结出账面结存数量，至于发出存货的成本和月末结余成本，在月末计算出加权平均单价后再行填列。

加权平均法的优点在于月末计算一次加权单价，简化成本核算工作；缺点是对月中发出存货的成本平时无法在账簿中反映出来，不利于存货的及时管理，影响成本计算的及时性，不利于了解存货资金的日常占用情况。这种方法适用于单价变动幅度不大而存货收发比较频繁的企业。

3. 移动加权平均法

移动加权平均法，指本次收入存货的成本加原有库存存货的成本，除以本次收货数量加原有存货数量，据以计算加权单价，并对发出存货进行计价的一种方法。采用这种方法时，每购入一次存货，就计算一个加权平均单价，作为日常发出存货的单价。

$$移动加权平均单价 = \left(\begin{array}{l}本次购入前\\结存数成本\end{array} + \begin{array}{l}本次购入\\存货成本\end{array}\right) \div \left(\begin{array}{l}本次购入前\\结存数量\end{array} + \begin{array}{l}本次购入\\存货数量\end{array}\right)$$

$$发出存货成本 = 移动加权平均单价 \times 发出存货数量$$

采用这种方法，存货明细账上能够随时登记存货收、发、存的数量、单价和金额。

移动加权平均法的优点是可以随时反映存货账面结存数量及金额，可以随时计算结转存货发出成本，从而有利于加强存货的资金管理，计算的存货发出和结存成本较准确；缺点是核算工作量过大。此法适用于存货种类较少、存货采购频率不高的企业。

4. 先进先出法

先进先出法是以先收到的存货先发出这样一种存货实物流转假设为前提，对发出存货进行计价的一种方法。

采用这种方法计算发出存货成本时，依据存货明细账中结存存货的数量和单价，依次进行计算，求出发出存货的成本。

采用先进先出法，可以在存货发出时就计算结转发出存货成本，并且结存存货的成本与市价比较接近。同时可以看出，在物价持续上涨时，采用这种方法计算的发出成本较低，企业当期利润计算偏高，期末存货成本就接近于最后收进或购进存货的成本。也就是说，从该方法对财务报告的影响看，物价上涨期间，会高估当期利润和存货价值；反之，会低估当期利润和存货价值。

先进先出法的优点是账面结存存货的成本与市价基本一致；缺点是发出存货数量较大时，发出的存货成本需要使用多个单价计算，会计核算工作比较复杂，特别是对存货进出量频繁的企业更是如此。

（三）计划成本法

计划成本法是指原材料的日常收入、发出和结存均按照预先制订的计划成本计价，并设置"材料成本差异"账户登记实际成本与计划成本之间的差异；月末，再通过对材料成本差异的分摊，将发出材料的计划成本和结存材料的计划成本调整为实际成本进行反映的一种核算方法。

1. 计划成本法的适用范围和核算程序

计划成本法适用于大中型企业中，原材料品种较多、收发次数比较频繁的企业。

采用计划成本法核算可以简化原材料收发的日常核算手续，同一原材料采用同一个单位计划成本，其明细账平时可以只登记收、发、存的数量，而不必登记金额，因此在日常核算中就避免了烦琐的发出存货计价，简化了存货的日常核算手续。采用计划成本法进行日常核算的基本程序如下。

（1）制定科学合理的原材料的计划单位成本

企业应结合各种原材料的特点、实际采购成本等确定原材料的计量单位和计划单位成本。计划成本是指在正常的市场条件下，企业取得原材料应当支付的合理成本。计划成本一般由会计部门会同采购等部门共同制订，制订的计划成本应尽可能接近实际，以利于发挥计划成本的考核和控制功能。计划成本一经确定，在年度内一般不做调整。

（2）确定材料成本差异

原材料的计划成本与实际成本的差异就是材料成本差异。如果一批原材料的实际成本大于计划成本，此差异为超支差；反之，则为节约差。材料成本差异的计算公式如下：

材料成本差异=该批存货的实际成本−该批存货的计划成本

（3）收入材料和发出材料的日常核算中均按计划成本计价

平时取得原材料，按其计划成本和计划成本与实际成本之间的差异额分别在相关账户进行分类登记；平时发出原材料按计划成本核算。

（4）月末结转材料成本差异

月末按本月发出材料应负担的差异额进行分摊，并随同发出材料的计划成本记入有关账户，从而将消耗原材料调整为实际成本。

2. 计划成本法计价组织收发核算应设置的科目

（1）"材料采购"科目

"材料采购"科目属于资产类账户，该账户用来核算采用计划成本进行材料日常核算的企业所购入的各种材料的实际采购成本、结转入库材料的计划成本，并据以确定购入材料成本差异。

"材料采购"科目借方登记应记入材料采购成本的实际成本（包括买价、采购费用等），以及结转验收入库材料的实际成本与计划成本的节约差；贷方登记验收入库的原材料的计划成本，以及结转验收入库材料的实际成本与计划成本的超支差。期末有借方余额，表示尚未到达或尚未验收入库的材料的实际成本。该账户应按材料的类别或品种设置明细账户，进行明细分类核算。

（2）"材料成本差异"科目

"材料成本差异"科目属于资产类账户，该账户是用来核算企业各种材料的实际成本与计划成本的差异及其节余情况。

"材料成本差异"科目的借方登记结转验收入库材料的超支差以及发出材料应负担的节约差；贷方登记结转验收入库材料的节约差以及发出材料应负担的超支差。期末余额可能在借方，也可能在贷方。如果期末余额在借方，表示库存材料的实际成本大于计划成本的超支差异额；如果期末余额在贷方，表示库存材料实际成本小于计划成本的节约差异额。

（3）"原材料"科目

"原材料"科目属于资产类账户，该账户在计划成本法下是核算企业原材料的计划成本的增减变动的。在计划成本法下，"原材料"科目借方登记已验收入库材料的计划成本，账户贷方登记发出或其他原因减少材料的计划成本，期末余额在借方，表示期末库存材料的计划成本。该科目应按购入材料的品种、规格分别设置明细分类账户，进行明细分类核算。

3. 计划成本法下原材料的发出及成本差异率的计算

为了便于材料成本差异的分摊，企业应计算材料成本差异率，作为分摊材料成本差异的依据。在计划成本法下，每月月末通过计算材料成本差异率，将本月发出材料和月末材料调整为实际成本。材料成本差异率是反映每1元原材料的计划成本应该负担的材料成本差异。

材料成本差异率包括本月材料成本差异率和月初材料成本差异率两种，计算公式如下：

$$
\begin{aligned}
\text{本月材料成} \\
\text{本差异率}
\end{aligned}
= \left(
\begin{aligned}
\text{月初结存材料} \\
\text{的成本差异}
\end{aligned}
+
\begin{aligned}
\text{本月验收入库材料} \\
\text{的成本差异}
\end{aligned}
\right) \div \left(
\begin{aligned}
\text{月初结存材料} \\
\text{的计划成本}
\end{aligned}
+
\begin{aligned}
\text{本月验收入库材料} \\
\text{的计划成本}
\end{aligned}
\right) \times 100\%
$$

$$
\begin{aligned}
\text{月初结存材料的成本差异} =
\begin{aligned}
\text{月初结存材料} \\
\text{的成本差异}
\end{aligned}
\div
\begin{aligned}
\text{月初结存材料} \\
\text{的计划成本}
\end{aligned}
\times 100\%
\end{aligned}
$$

发出原材料应负担的成本差异必须按月分摊，不得在季末或年末一次分摊。企业在分摊发出材料应负担的成本差异时，实际成本大于计划成本的超支差，用蓝字登记；实际成本小于计划成本的节约差，用红字登记。

存货采用计划成本法核算的优点如下：简化了存货的日常核算手续；有利于考核采购部门的工作业绩。可以通过实际成本与计划成本的比较，对实际成本与计划成本的差异原因进行分析，考核采购部门工作业绩，并促进采购部门不断降低采购成本。

四、存货的清查

为了加强对存货资产的控制，企业应定期或不定期地对存货的实物进行清查，确定存货的实有数与账面记录相符。

在进行存货清查盘点时，如果发现存货盘盈或盘亏，应在会计期期末前查明原因，并根据企业的管理权限，报经股东大会或董事会，或经（厂长）会议或类似机构批准后，在期末结账前处理完毕。

存货的清查过程中，应设置"待处理财产损溢"账户，根据存货盘点报告表所列实存数与账存数之间的差额结转入"待处理财产损溢"账户；批准后，再根据产生差异的原因处理。

（一）存货盘盈

存货盘盈是指存货的实存数量超过账面结存数量的差额。根据"账存实存对比表"，调整实物账户，转入"待处理财产损溢"账户。

查明原因经批准转账，如果是管理原因导致存货盘盈，则存货盘盈作冲减管理费用。编制如下分录：

借：待处理财产损溢——待处理流动资产损溢
　　贷：管理费用

（二）存货盘亏和毁损

存货盘亏是存货的实存数量低于账面结存数量的差额。

存货盘亏和毁损发生后，根据不同阶段，分步骤进行会计处理。

第一步，调整实物账户，将盘亏或毁损的存货账面价值转入"待处理财产损溢"科目。借记"待处理财产损溢——待处理流动资产损溢"科目，贷记存货相关科目。

第二步，按管理权限报经批准后，根据造成存货盘亏或毁损的原因，考虑税法的相关规定，分别视情况进行处理。

根据税法相关规定，如果盘亏存货的原因属于非正常损失（指生产经营过程中正常损耗外的损失，包括因管理不善造成货物被盗窃、发生霉烂变质等损失），企业应将该存货包含的增值税进项税额转出，但如果原因是生产过程中的正常损失，则不作进项税额转出。

如果原因是存货定额内的合理损耗，增值税进项税额不用转出，则借记"管理费用"账户，贷记"待处理财产损溢——待处理流动资产损溢"科目。

如果原因是存货保管人员过失造成，由责任人赔偿，增值税进项税额要转出，一并记入"其他应收款"科目。

如果是因管理不善等非正常损失造成的存货毁损，增值税进项税额要转出，并先扣除残料价值、可以收回的保险赔偿和过失人赔偿，将净损失计入"营业外支出"科目。

如果属于自然灾害等非正常原因造成的毁损，则扣除可收回的保险公司和过失人赔款以及残料价值后的净损失，计入营业外支出。

如果盘盈或盘亏的存货在期末结账前尚未批准，在对外提供财务报告时，应先按上述方法进行会计处理，并在财务报表附注中作出说明。如果其后批准处理的金额与已处理的金额不一致，应调整当期财务报表相关项目的年初数。

五、存货的期末计量

会计期末，存货应当按照成本与可变现净值孰低计量，对可变现净值低于存货成本的差额，计提存货跌价准备，计入当期损益。"会计期末"是指资产负债表日。也就是说，按照企业会计准则的规定，在资产负债表日，存货应当按照成本与可变现净值孰低法进行计量。

(一) 成本与可变现净值孰低法的含义

成本与可变现净值孰低法是指存货在期末按照存货成本与存货的可变现净值两者之中较低者计价的方法。也就是说，当成本低于可变现净值时，期末存货按成本计价；当可变现净值低于成本时，期末存货按可变现净值计价。成本与可变现净值孰低法是会计谨慎性原则的体现，在会计方法的选择上不高估资产、高估利润的会计方法。

成本是指期末存货的实际成本，即以历史成本为基础的存货计价方法（如先进先出法等）进行计量所确定的期末存货的账面成本。如果企业在存货成本的日常核算中采用计划成本法等简化核算方法，那么存货成本是指经差异调整后的实际成本。

可变现净值是指在日常活动中，存货的估计售价减去至完工时估计将要发生的成本、估计的销售费用以及相关税费后的金额。

(二) 可变现净值的确定

企业应定期对存货进行检查，当存货存在减值迹象时，应当计算其可变现净值，计提存货跌价准备。存货如果存在下列情形之一的，则表明存货的可变现净值为零，应全额计提存货跌价准备：已霉烂变质的存货；已过期且无转让价值的存货；生产中已不再需要，并且已无使用价值和转让价值的存货；其他足以证明已无使用价值和转让价值的存货。

1. 可变现净值的特征

①确定存货的可变现净值是指企业在进行日常活动过程中，企业处于正常的生产经营而非破产清算等非正常活动过程。

②可变现净值是存货的预计未来净现金流量，而非存货的售价或合同价。

③不同存货的可变现净值构成不同。

产成品、商品和用于出售的材料等直接用于出售的存货，应当以该存货的估计售价减去估计的销售费用和相关税费，确定其可变现净值；需要加工的材料存货，应以所生产的产成品的估计售价减去至完工时估计将要发生的成本、估计的销售费用和相关税费后的金额，确定其可变现净值；资产负债表日，同一项存货中，一部分有合同价格约定，其余部分不存在合同价，应分别确定其可变现净值，并与其相对应的成本进行比较，分别确定存货跌价准备的计提或转回金额。

2. 不同情况下，存货可变现净值的确定

①产成品、商品和用于出售的原材料等直接用于出售的存货，其可变现净值是指在正常生产经营过程中，以存货的估计售价减去估计的销售费用和相关税费后的金额：

$$可变现净值 = 估计售价 - 估计的销售费用和相关税金$$

②用于生产的材料、在产品或自制半成品等需要经过加工的存货，其可变现净值是指在正常生产经营过程中，以存货的估计售价减去至完工估计将要发生的成本、估计的销售费用以及相关税金后的金额：

$$可变现净值 = 估计售价 - 至完工估计将要发生的成本 - 估计的销售费用和相关税金$$

预计可变现净值应当以当期取得的最可靠的证据为基础预计，并且考虑持有存货的目的、资产负债表日后事项的影响等因素。如果在期末时预计与价格和成本相关的期后事件可能会发生，则在预计时必须考虑与期后事件相关的价格与成本的波动。在预计可变现净值时，还应当考虑持有存货的其他因素，例如，有合同约定的存货，应当按合同价作为计算基础，如果企业持有存货的数量多于销售合同订购数量，存货超出部分的可变现净值应以一般销售价格为计算基础。

需要注意的是企业持有的材料存货（包括原材料、在产品、委托加工物资等）这些主要用于继续生产产品的存货，在会计期末，运用成本与可变现净值孰低法时，需要区分两种情况确定其期末价值：一是用该材料生产的产成品的可变现净值>成本，则该材料应当按照成本计量；二是用该材料生产的产成品的可变现净值<成本，则该材料应当按可变现净值计量，材料的可变现净值 = 该材料所生产的产成品的估计售价 - 至完工时估计将要发生的成本 - 估计的销售费用以及相关税费。

③为执行销售合同或劳务合同而持有的存货其可变现净值应当以合同价格为基础计算。

企业与购买方签订了销售合同，合同的订购数量大于或等于企业持有的存货数量，应分别确定其可变现净值，并与其相对应的成本比较，分别确定存货跌价准备的计提或转回的金额，不得相互抵销；如果企业销售合同的标的物尚未生产出来，但持有专门用于生产该标的物的材料，则其可变现净值应以合同价格作为计量基础。

如果企业持有的同一项存货的数量多于销售合同订购的数量，应分别确定其可变现净值。有合同部分，可变现净值以合同价款为基础确定；超出部分，可变现净值以一般销售价格为基础计算。

(三) 成本与可变现净值孰低法的应用

通常情况下，企业在资产负债表日应按照单个存货项目计提存货跌价准备；对数量繁多、单价较低的存货，也可以按存货类别计提存货跌价准备。如果应计提的存货跌价准备大于已提的存货跌价准备，则应补提。企业计提的存货跌价准备，应计入当期损益，确认在"资产减值损失"科目下。

1. 成本低于可变现净值

如果期末结存存货的成本低于可变现净值，则不需做账务处理，资产负债表中的存货仍按期末账面价值列示。

2. 可变现净值低于成本

如果期末存货的可变现净值低于成本，则必须在当期确认资产减值损失，并进行有关账务处理。首先，比较存货的成本与可变现净值以计算出应计提的跌价准备，然后，与"存货跌价准备"科目中的已提数余额进行比较，若应提数大于已提数，应予补提；反之，应冲销部分已提数。提取和补提存货跌价准备时，借记"资产减值损失"科目，贷记"存货跌价准备"科目；如果已计提跌价准备的存货的价值以后又得以恢复，应按恢复增加的数额，借记"存货跌价准备"科目，贷记"资产减值损失"科目。但是，当已计提跌价准备的存货的价值以后又得以恢复，其冲减的跌价准备金额，应以"存货跌价准备"科目的余额冲减至 0 为限。需要注意的是，导致存货跌价准备转回的是以前减计存货价值的影响因素的消失，而并非在当期造成存货可变现净值高于其成本的其他因素，如果本期导致存货可变现净值高于其成本的影响因素不是以前减计该存货价值的影响因素，则该存货跌价准备不得转回。

企业计提了存货跌价准备，如果其中有部分存货已经销售，那么企业结转销售成本的同时，应结转对其已计提的存货跌价准备。对因债务重组、非货币性交易转出的存货，应同时结转已计提的存货跌价准备，但不冲减当期损益，按债务重组和非货币性交易的原则进行会计处理。

第二节　投资

一、交易性金融资产

（一）交易性金融资产概述

交易性金融资产主要是指企业为了近期内出售而持有的金融资产。包括为交易目的所持有的债券投资、股票投资、基金投资、权证投资等和直接指定为以公允价值计量且其变动计入当期损益的金融资产。例如，企业以赚取差价为目的从二级市场购入的股票、债券和基金等。

交易性金融资产具有以下两个特点。

①企业持有的目的是短期性的，即在初次确认时即确定其持有目的是短期获利。此处的短期一般应该是不超过一年（包括一年在内）。

②该资产具有活跃市场的特点，公允价值能够通过活跃市场获取。

为了核算交易性金融资产的取得、收取现金股利或利息、处置等业务，企业应当设置"交易性金融资产""公允价值变动损益""投资收益"等科目。

（二）交易性金融资产的取得

企业取得交易性金融资产时，应当按照该金融资产取得时的公允价值作为其初始确认金额，记入"交易性金融资产——成本"科目。取得交易性金融资产所支付价款中包含了已宣告但尚未发放的现金股利或已到付息期但尚未领取的债券利息的，应当单独确认为应收项目，记入"应收股利"或"应收利息"科目。

取得交易性金融资产所发生的相关交易费用应当在发生时计入投资收益。交易费用是指可直接归属于购买、发行或处置金融工具新增的外部费用，包括支付给代理机构、咨询公司、券商等的手续费和佣金及其他必要支出。

（三）交易性金融资产的现金股利或利息

企业持有交易性金融资产期间对投资单位宣告发放的现金股利或企业在资产负债表日按分期付息、一次还本债券投资的票面利率计算的利息收入，应当确认为应收项目，记入"应收股利"或"应收利息"科目，并计入投资收益。

（四）交易性金融资产的期末计量

资产负债表日，交易性金融资产应当按照公允价值计量，公允价值与账面余额之间的差额计入当期损益。企业应当在资产负债表日按照交易性金融资产公允价值与其账面余额的差额，借记或贷记"交易性金融资产公允价值变动"科目，贷记或借记"公允价值变动损益"科目。

（五）交易性金融资产的处置

出售交易性金融资产时，应当将该金融资产出售时的公允价值与其初始入账金额之间的差额确认为投资收益，同时调整公允价值变动损益。

企业应按实际收到的金额，借记"银行存款"等科目，按该金融资产的账面余额，贷记"交易性金融资产"科目，按其差额，贷记或借记"投资收益"科目。同时，将原计入该金融资产的公允价值变动转出，借记或贷记"公允价值变动损益"科目，贷记或借记"投资收益"科目。

二、持有至到期投资

（一）持有至到期投资概述

1. 持有至到期投资的划分

企业从二级市场上购入的固定利率国债、浮动利率公司债券等，都属于持有至到期投资。持有至到期投资通常具有长期性质，但期限较短（一年以内）的债券投资，符合持有至到期投资条件的，也可以划分为持有至到期投资。

企业不能将下列非衍生金融资产划分为持有至到期投资：①初始确认时即被指定为以公允价值计量且其变动计入当期损益的非衍生金融资产；②初始确认时被指定为可供出售的非衍生金融资产；③符合贷款和应收款项定义的非衍生金融资产。

如果企业管理层决定将某项金融资产持有至到期，则在该金融资产未到期前，不能随意地改变其"最初意图"。也就是说，投资者在取得投资时，意图就应当是明确的。

2. 持有至到期投资的特征

①到期日固定、回收金额固定或可确定。到期日固定、回收金额固定或可确定是指相关合同明确了投资者在确定的时间内获得或应收取现金流量的金额和时间。

符合持有至到期投资条件的债券投资，其到期日固定、利息和本金金额固定或可确定。而购入的股权投资因其没有固定的到期日，不符合持有至到期投资的条件，不能划分为持有至到期投资。

②有明确意图持有至到期。有明确意图持有至到期投资是指投资者在取得投资时意图明确，准备将投资持有至到期，除非遇到一些企业所不能控制、预期不会重复发生且难以合理预计的独立事件，否则将持有至到期。

存在下列情况之一的，表明企业没有明确意图将金融资产持有至到期：持有该金融资产的期限不确定；发生市场利率变化、流动性需要变化、替代投资机会及其投资收益率变化、融资来源和条件变化、外汇风险变化等情况时，将出售该金融资产，但是，无法控制、预期不会重复发生且难以合理预计的独立事项引起的金融资产除外；该金融资产的发行方可以按照明显低于其摊余成本的金额清偿；其他表明企业没有明确意图将该金融资产持有至到期的情况。

据此，对发行方可以赎回的债务工具，如发行方行使赎回权，投资者仍可收回其几乎所有初始净投资（含支付的溢价和交易费用），那么投资者可以将此类投资划分为持有至到期。但是，对投资者有权要求发行方赎回的债务工具投资，投资者不能将其划分为持有至到期投资。

③有能力持有至到期。有能力持有至到期是指企业有足够的财务资源，并不受外部因素影响将投资持有至到期。

存在下列情况之一的，表明企业没有能力将具有固定期限的金融资产投资持有至到期：没有可利用的财务资源持续地为该金融资产投资提供资金支持，以使该金融资产持有至到期；受法律、行政法规的限制，使企业难以将该金融资产投资持有至到期；其他表明企业没有能力将具有固定期限的金融资产投资持有至到期的情况。

(二) 持有至到期投资的账务处理

1. 会计科目设置

对持有至到期投资，企业应设置"持有至到期投资"会计科目，用来核算企业持有至到期投资的价值。此科目属于资产类科目，应当按照持有至到期投资的类别和品种，分别设置"成本""利息调整""应计利息"等进行明细核算。其中,"利息调整"实际上反映企业债券投资溢价和折价的相应摊销。

2. 持有至到期投资的主要账务处理

持有至到期投资应采用实际利率法,按摊余成本计量。实际利率法指按实际利率计算摊余成本及各期利息费用的方法,摊余成本为持有至到期投资初始金额扣除已偿还的本金和加上或减去累计摊销额以及扣除减值损失后的金额。

①企业取得的持有至到期投资,应按该投资的面值,借记本科目(成本),按支付的价款中包含的已到付息期但尚未领取的利息,借记"应收利息"科目,贷记"银行存款"等科目,按其差额,借记或贷记本科目(利息调整)。

②资产负债表日,持有至到期投资为分期付息、一次还本债券投资的,应按票面利率计算确定的应收未收利息,借记"应收利息"科目,按持有至到期投资摊余成本和实际利率计算确定的利息收入,贷记"投资收益"科目,按其差额,借记或贷记本科目(利息调整)。

持有至到期投资为一次还本付息债券投资,应于资产负债表日按票面利率计算确定的应收未收利息,借记本科目(应计利息),持有至到期投资摊余成本和实际利率计算确定的利息收入。

收到取得持有至到期投资支付的价款中包含的已到付息期的债券利息,借记"银行存款"科目,贷记"应收利息"科目。

收到分期付息、一次还本持有至到期投资持有期间支付的利息,借记"银行存款",贷记"应收利息——应计利息"科目。

③出售持有至到期投资时,应按实际收到的金额,借记"银行存款"等科目,已计提减值准备的,借记"持有至到期投资减值准备"科目,按其账面余额,贷记本科目(成本、利息调整、应计利息),按其差额,贷记或借记"投资收益"科目。

④本科目期末借方余额,反映企业持有至到期投资的摊余成本。

(三) 持有至到期投资提前处置的情况

企业将某项资产划分为持有至到期投资后,可能会发生到期前将该金融资产予以处置或重分类的情况。这种情况的发生通常表明企业违背了将投资持有至到期的意图。

企业将尚未到期的某项持有至到期投资在本会计年度内予以出售或重分类为其他债权投资的金额,相对于该类投资(企业内部持有至到期投资)在出售或重分类前的总额较大时,则企业在处置或者重分类后应立即将其剩余的持有至到期投资(全部持有至到期投资扣除已处置或重分类的部分）重分类为其他债权投资，且在本会计年度及其后两个完整的会计年度内不得再将该金融资产划分为持有至到期投资。

但是，下列情况除外。

①出售日或重分类日距离该项投资到期日或赎回日较近（如到期前三个月内），且市场利率变化对该项投资的公允价值没有显著影响。

②根据合同约定的定期偿付或提前还款方式收回该所有初始本金后，将剩余部分予以出售或重分类。

③出售或重分类是由于企业无法控制、预期不会重复发生且难以合理预计的独立事项所引起。此种情况主要包括以下方面。

第一，因被投资单位信用状况严重恶化，将持有至到期投资予以出售。

第二，因相关税收法规取消了持有至到期投资的利息税前可抵扣政策，或显著减少了税前可抵扣金额，将持有至到期投资予以出售。

第三，因发生重大企业合并或重大处置，为保持现行利率风险头寸或维持现行信用风险政策，将持有至到期投资予以出售。

第四，因法律、行政法规对允许投资的范围或特定投资品种的投资限额做出重大调整，将持有至到期投资予以出售。

第五，因监管部门要求大幅度提高资产流动性，或大幅度提高持有至到期投资在计算资本充足率时的风险权重，将持有至到期投资予以出售。

（四）持有至到期投资的减值准备

持有至到期投资以摊余成本进行后续计量的，其发生减值时，应当在将该持有至到期投资的账面价值与预计未来现金流量现值之间的差额，确认为减值损失，计入当期损益。

为了核算企业持有至到期投资的减值准备，企业应设置"持有至到期投资减值准备"科目。本科目应当按照持有至到期投资类别和品种进行明细核算。资产负债表日，持有至到期投资发生减值的，按应减记的金额，借记"资产减值损失"科目，贷记本科目。已计提减值准备的持有至到期投资价值以后又得以恢复，应在原已计提的减值准备金额内，按恢复增加的金额，借记本科目，贷记"资产减值损失"科目。本科目期末贷方余额，反映企业已计提但尚未转销的持有至到期投资减值准备。

三、其他债权投资

(一) 其他债权投资概述

其他债权投资通常是指企业初始确认时即被指定为可供出售的非衍生金融资产，以及没有划分为以公允价值计量且其变动计入当期损益的金融资产、持有至到期投资、贷款和应收款项的金融资产。例如，企业购入的在活跃市场上有报价的股票、债券和基金等，没有划分为以公允价值计量且其变动计入当期损益的金融资产或持有至到期投资等金融资产的，可归为此类。基于特定的风险管理或资本管理需要，企业也可将某项金融资产直接指定为其他债权投资。

相对于交易性金融资产而言，其他债权投资的持有意图不明确。

企业持有上市公司限售股权且对上市公司不具有控制、共同控制或重大影响的，应当按照金融工具确认和计量准则规定，将该限售股权划分为其他债权投资，除非满足该准则规定条件划分为以公允价值计量且其变动计入当期损益的金融资产。

(二) 其他债权投资的计量

其他债权投资应当按取得该金融资产的公允价值和相关交易费用之和作为初始确认金额。支付的价款中包含了已宣告发放的债券利息或现金股利的，应单独确认为应收项目。

其他债权投资持有期间取得的利息或现金股利，应当计入投资收益。资产负债表日，其他债权投资应当以公允价值计量，且公允价值变动计入资本公积（其他资本公积）。

处置其他债权投资时，应按取得的价款与原直接计入所有者权益的公允价值变动累计额对应处置部分的金额，与该金融资产账面价值之间的差额，确认为投资收益。

资产负债表日，企业应对持有的其他债权投资进行检查，有客观证据表明该金融资产发生减值的，应当确认减值损失，计提减值准备。分析判断其他债权投资是否发生减值，应当注重该金融资产公允价值是否持续下降。通常情况下，如果其他债权投资的公允价值发生较大幅度下降，或在综合考虑各种相关因素后，预期这种下降趋势属于非暂时性的，可以认定该其他债权投资已发生减值，应当确认减值损失。

（三）其他债权投资的账务处理

1. 企业取得其他债权投资

（1）股票投资

借：其他债权投资——成本（公允价值与交易费用之和）

    应收股利（已宣告但尚未发放的现金股利）

    贷：银行存款等

（2）债券投资

借：其他债权投资——成本（面值）

    应收利息（实际支付的款项中包含的利息）

    其他债权投资——利息调整（差额，也可能在贷方）

    贷：银行存款等

2. 资产负债表日计算利息

借：应收利息（分期付息债券按票面利率计算的利息）

    其他债权投资——应计利息（到期时一次还本付息债券按票面利率计算的利息）

    贷：投资收益（可供出售债券的摊余成本和实际利率计算确定的利息收入）其他

        债权投资——利息调整（差额，也可能在借方）

3. 资产负债表日公允价值变动

（1）公允价值上升

借：其他债权投资——公允价值变动

    贷：资本公积——其他资本公积

（2）公允价值下降

借：资本公积——其他资本公积

    贷：其他债权投资——公允价值变动

4. 持有期间被投资单位宣告发放现金股利

借：应收股利

    贷：投资收益

5. 将持有至到期投资重分类为其他债权投资

借：其他债权投资（重分类日公允价值）

    贷：持有至到期投资

资本公积——其他资本公积（差额，也可能在借方）

6. 出售其他债权投资

借：银行存款等

  贷：其他债权投资

投资收益（差额，也可能在借方）

同时：

借：资本公积——其他资本公积（从所有者权益中转出的公允价值累计变动额，也可能在借方）

  贷：投资收益

四、长期股权投资

（一）长期股权投资概述

1. 长期股权投资的概念

长期股权投资是指通过投资取得被投资单位的股份。企业对其他单位的股权投资，通常是为长期持有，以及通过股权投资达到控制被投资单位，或对被投资单位施加重大影响，或为了与被投资单位建立密切关系，以分散经营风险。长期股权投资包括企业持有的对其子公司、合营企业及联营企业的权益性投资以及企业持有的对被投资单位不具有控制、共同控制或重大影响，且在活跃市场中没有报价、公允价值不能可靠计量的权益性投资。

企业能够对被投资单位实施控制的，被投资单位为本企业的子公司。控制是指有权决定一个企业的财务和经营政策，并能据以从该企业的经营活动中获取利益。

企业与其他方对被投资单位实施共同控制的，被投资单位为本企业的合营企业。共同控制，是指按照合同约定对某项经济活动所共有的控制，仅在与该项经济活动相关的重要财务和经营决策需要分享控制权的投资方一致同意时存在。

企业能够对被投资单位施加重大影响的，被投资单位为本企业的联营企业。重大影响，是指对一个企业的财务和经营政策有参与决策的权力，但并不能够控制或者与其他方一起共同控制这些政策的制定。

2. 长期股权投资的特点

①长期持有。长期股权投资是为长期持有被投资单位的股份，成为被投资单位的股东，并通过所持有的股份对被投资单位实施控制或施加重大影响，或为了改善和巩固贸易关系，或持有不易变现的长期股权投资等。

②利益与风险并存。获取经济利益，并承担相应的风险。长期股权投资最终是为了获得较大的经济利益，这种经济利益可以通过分得利润或股利获取，也可以通过其他方式取得，如被投资单位生产的产品为投资企业生产所需的原材料，在市场上这种原材料的价格波动较大，且不能保证供应。在这种情况下，投资企业通过所持股份，达到控制或对被投资单位施加重大影响，使其生产所需的原材料能够直接从被投资单位取得，而且价格比较稳定，保证其生产经营的顺利进行。但是，如果被投资单位经营状况不佳，或者进行破产清算时，投资企业作为股东，也需要承担相应的投资损失。

③通常不能随时出售。除股票投资外，长期股权投资通常不能随时出售。投资企业一旦成为被投资单位的股东，依所持股份份额享有股东的权利并承担相应的义务，一般情况下不能随意抽回投资。

④投资风险较大。长期股权投资相对于长期债权投资而言，投资风险较大。

3. 长期股权投资的核算方法

长期股权投资的核算方法有成本法和权益法。

（1）成本法核算的长期股权投资的范围

①企业能够对被投资单位实施控制的长期股权投资，即企业对子公司的长期股权投资。

企业对子公司的长期股权投资应当采用成本法核算，编制合并财务报表时按照权益法进行调整。

②企业对被投资单位不具有控制、共同控制或重大影响，且在活跃市场中没有报价、公允价值不能可靠计量的长期股权投资。

（2）权益法核算的长期股权投资的范围

企业对被投资单位具有共同控制或重大影响时，长期股权投资应当采用权益法核算。

①企业对被投资单位具有共同控制的长期股权投资，即企业对其合营企业的长期股权投资。

②企业对被投资单位具有重大影响的长期股权投资，即企业对其联营企业的长期股权投资。

为了核算企业的长期股权投资，企业应当设置"长期股权投资""投资收益"等科目。

"长期股权投资"科目核算企业持有的采用成本法和权益法核算的长期股权投资，借方登记长期股权投资取得时的成本以及采用权益法核算时按被投资企业实现的净利润等计算的应分享的份额，贷方登记收回长期股权投资的价值或采用权益法核算时被投资单位宣告分派现金股利或利润时企业按持股比例计算应享有的份额，以及按被投资单位发生的净亏损等计算的应分担的份额，期末借方余额，反映企业持有的长期股权投资的价值。

（二）采用成本法核算长期股权投资

1. 长期股权投资初始投资成本的确定

除企业合并形成的长期股权投资以外，以支付现金取得的长期股权投资，应当按照实际支付的购买价款作为初始投资成本。企业所发生的与取得长期股权投资直接相关的费用、税金及其他必要支出应计入长期股权投资的初始投资成本。

此外，企业取得长期股权投资，实际支付的价款或对价中包含的已宣告但尚未发放的现金股利或利润，作为应收项目处理，不构成长期股权投资的成本。

2. 采用成本法取得长期股权投资

取得长期股权投资时，应按照初始投资成本计价。除企业合并形成的长期股权投资以外，以支付现金、非现金资产等其他方式取得的长期股权投资，应按照上述规定确定的长期股权投资初始投资成本，借记"长期股权投资"科目，贷记"银行存款"等科目。如果实际支付的价款中包含有已宣告但尚未发放的现金股利或利润，借记"应收股利"科目，贷记"长期股权投资"科目。

3. 长期股权投资持有期间被投资单位宣告发放现金股利或利润

长期股权投资持有期间被投资单位宣告发放现金股利或利润时，对采用成本法核算的，企业按应享有的部分确认为投资收益，借记"应收股利"科目，贷记"投资收益"科目。

（三）采用权益法核算长期股权投资

1. 采用权益法取得长期股权投资

取得长期股权投资，长期股权投资的初始投资成本大于投资时应享有被投资单位可辨认净资产公允价值份额的，不调整已确认的初始投资成本，借记"长期股权投资——成本"科目，贷记"银行存款"等科目。长期股权投资的初始投资成本小于投资时应享有被投资单位可辨认净资产公允价值份额的，借记"长期股权投资——成本"科目，贷记"银行存款"等科目，按其差额，贷记"营业外收入"科目。

2. 持有长期股权投资期间被投资单位实现净利润或发生净亏损

根据被投资单位实现的净利润计算应享有的份额，借记"长期股权投资——损益调整"科目，贷记"投资收益"科目。被投资单位发生净亏损作相反的会计分录，但以本科目的账面价值减记至零为限，借记"投资收益"科目，贷记"长期股权投资——损益调整"科目。上述以本科目的账面价值减记至零为限的所指"本科目"是指"长期股权投资——对××单位投资"科目，该科目应设置"成本""损益调整""其他权益变动"三个明细科目，账面价值减至零即意味着"对××单位投资"的这三个明细科目合计为零。

被投资单位以后宣告发放现金股利或利润时，企业计算应分得的部分，借记"应收股利"科目，贷记"长期股权投资——损益调整"科目。收到被投资单位宣告发放的股票股利，不进行账务处理，但应在备查簿中登记。

3. 持有长期股权投资期间被投资单位所有者权益的其他变动

在持股比例不变的情况下，被投资单位除净损益外所有者权益的其他变动，企业按持股比例计算应享有的份额，借记或贷记"长期股权投资——其他权益变动"科目，贷记或借记"资本公积——其他资本公积"科目。

（四）长期股权投资减值

1. 长期股权投资减值金额的确定

①企业对子公司、合营企业及联营企业的长期股权投资在资产负债表日存在可能发生减值的迹象时，其可收回金额低于账面价值的，应当将该长期股权投资的账面价值减记至可收回金额，减记的金额确认为减值损失，计入当期损益，同时计提相应的资产减值准备。

②企业对被投资单位不具有控制、共同控制或重大影响、且在活跃市场中没有报价、公允价值不能可靠计量的长期股权投资，应当将该长期股权投资在资产负债表日的账面价值，与按照类似金融资产当时市场收益率对未来现金流量折现确定的现值之间的差额，确认为减值损失，计入当期损益。

2. 长期股权投资减值的账务处理

企业计提长期股权投资减值准备，应当设置"长期股权投资减值准备"科目核算。

①本科目核算企业长期股权投资的减值准备；

②本科目可按被投资单位进行明细核算；

③资产负债表日，长期股权投资发生减值的，按应减记的金额，借记"资产减值损失"科目，贷记本科目，处置长期股权投资时，应同时结转已计提的长期股权投资减值准备；

④本科目期末贷方余额，反映企业已计提但尚未转销的长期股权投资减值准备；

⑤长期股投资减值准备一经计提减值准备在以后期间不得转回。

五、投资性房地产

（一）投资性房地产概述

投资性房地产是指企业为赚取租金或资本增值或者两者兼有而持有的房地产。主要包括已出租的土地使用权、持有并准备增值后转让的土地使用权和已出租的建筑物。投资性房地产应当能够单独计量和出售。

投资性房地产的主要形式是出租建筑物、出租土地使用权，这实质上属于一种让渡资产使用权行为。房地产租金就是让渡资产使用权取得的使用费收入，是企业为完成其经营目标所从事的经营性活动，以及与之相关的其他活动形成的经济利益总流入。

投资性房地产的另一种形式是持有并准备增值后转让的土地使用权，尽管其增值收益通常与市场供求、经济发展等因素相关，但目的是增值后转让以赚取增值收益，也是企业为完成其经营目标所从事的经营性活动以及与之相关的其他活动形成的经济利益总流入。在实务中，持有并准备增值后转让的土地使用权这种情况一般较少。

1. 投资性房地产的范围

（1）已出租的土地使用权

已出租的土地使用权是指企业通过出让或转让方式取得，并以经营租赁方式出租的土地使用权。企业计划用于出租但尚未出租的土地使用权，不属于此类。对以经营租赁方式租入土地使用权再转租给其他单位的，不能确认为投资性房地产。

（2）已出租的建筑物

已出租的建筑物是指企业拥有产权的、以经营租赁方式出租的建筑物，包括自行建造或开发活动完成后用于出租的建筑物。已出租的建筑物是企业已经与其他方签订了租赁协议，约定以经营租赁方式出租的建筑物。一般应自租赁协议规定的租赁期开始日起，经营租出的建筑物才属于已出租的建筑物。通常情况下，对企业持有以备经营出租的空置建筑物，如董事会或类似机构作出书面决议，明确表明将其用于经营出租且持有意图短期内不再发生变化的，即使尚未签订租赁协议，也应视为投资性房地产。这里的空置建筑物，是指企业新购入、自行建造或开发完成但尚未使用的建筑物，以及不再用于日常生产经营活动且经整理后达到可经营出租状态的建筑物。

（3）持有并准备增值后转让的土地使用权

持有并准备增值后转让的土地使用权，是指企业取得的、准备增值后转让的土地使用权。这类土地使用权很可能给企业带来资本增值收益，符合投资性房地产的定义。按照国家有关规定认定的闲置土地，不属于持有并准备增值后转让的土地使用权，也就不属于投资性房地产。

2. 不属于投资性房地产的范围

下列项目不属于投资性房地产：

（1）自用房地产

自用房地产是指企业为生产商品、提供劳务或者经营管理而持有的房地产。如企业生产经营用的厂房和办公楼属于固定资产；企业生产经营用的土地使用权属于无形资产。

（2）作为存货的房地产

作为存货的房地产，一般是指房地产开发企业在正常经营过程中销售的或为销售而正在开发的商品房和土地。这部分房地产属于房地产开发企业的存货，其生产、销售构成企业的主营业务活动，产生的现金流量也与企业的其他资产密切相关。因此，具有存货性质的房地产不属于投资性房地产。

在实务中，存在某项房地产部分自用或作为存货出售、部分用于赚取租金或资本增值的情形。如某项投资性房地产不同用途的部分能够单独计量和出售的，应当分别确认为固定资产（或存货、无形资产）和投资性房地产。

（二）投资性房地产的取得

与其他资产项目一样，某个项目在符合投资性房地产定义的前提下，同时满足下列两项条件的，才能确认为投资性房地产：

①与该投资性房地产有关的经济利益很可能流入企业；

②该投资性房地产的成本能够可靠地计量。

投资性房地产应当按照其取得时的成本进行计量。以下分别以自行建造与外购两种情况说明。

1. 自行建造的投资性房地产

企业自行建造投资性房地产的成本，由建造该项房地产达到预定可使用状态前发生的必要支出，包括土地开发费、建筑成本、安装成本、应予以资本化的借款费用、支付的其他费用和分摊的间接费用等。建造过程中发生的非正常性损失，直接计入当期损益，不计入建造成本。建造完工后，应按照确定的成本，借记"投资性房地产"科目，贷记"在建工程"等科目。

2. 外购的投资性房地产

外购投资性房地产的成本，包括购买价款、相关税费和可直接归属于该资产的其他支出。外购取得投资性房地产时，按照取得时的实际成本进行初始计量，借记"投资性房地产"科目，贷记"银行存款"等科目。

（三）投资性房地产的后续计量

投资性房地产的后续计量有成本和公允价值两种模式，通常采用成本模式计量，满足特定条件时可以采用公允价值模式计量。但是，同一企业只能采用一种模式对所有投资性房地产进行后续计量，不得同时采用两种计量模式。

1. 采用成本模式进行后续计量的投资性房地产

采用成本模式进行后续计量的投资性房地产，应当按照固定资产或无形资产的有关规定，按期（月）计提折旧或摊销，借记"其他业务成本"等科目，贷记"投资性房地产累计折旧（摊销）"科目。取得的租金收入，借记"银行存款"等科目，贷记"其他业务收入"等科目。投资性房地产存在减值迹象的，经减值测试后确定发生减值的，应当计提减值准备，借记"资产减值损失"科目，贷记"投资性房地产减值准备"科目。已经计提减值准备的投资性房地产，其减值损失在以后的会计期间不得转回。

2. 采用公允价值模式进行后续计量的投资性房地产

企业有确凿证据表明其投资性房地产的公允价值能够持续可靠取得的，可以对投资性房地产采用公允价值模式进行后续计量。

投资性房地产采用公允价值模式进行后续计量的，不计提折旧或摊销，企业应当以资产负债表日的公允价值为基础，调整其账面价值。资产负债表日，投资性房地产的公允价值高于其账面余额的差额，借记"投资性房地产——公允价值变动"科目，贷记"公允价值变动损益"科目；公允价值低于其账面余额的差额作相反的会计分录。

3. 投资性房地产后续计量模式的变更

为保证会计信息的可比性，企业对投资性房地产的计量模式一经确定，不得随意变更。存在确凿证据表明投资性房地产的公允价值能够持续可靠取得，并且能够满足采用公允价值模式条件的情况下，才允许企业对投资性房地产从成本模式计量变更为公允价值模式计量。成本模式转为公允价值模式的，应当作为会计政策变更处理，将计量模式变更时公允价值与账面价值的差额，调整期初留存收益。已采用公允价值模式计量的投资性房地产，不得从公允价值模式转为成本模式。

（四）投资性房地产的处置

1. 采用成本模式计量的投资性房地产的处置

转让、出售按成本模式进行后续计量的投资性房地产时，应当按实际收到的处置收入金额，借记"银行存款"等科目，贷记"其他业务收入"科目；按该项投资性房地产的账面价值，借记"其他业务成本"科目，按其账面余额，贷记"投资性房地产"科目；按照已计提的折旧或摊销，借记"投资性房地产累计折旧"科目；原已计提减值准备的，借记"投资性房地产减值准备"科目。

2. 采用公允价值模式计量的投资性房地产的处置

处置采用公允价值模式计量的投资性房地产，应当按实际收到的金额，借记"银行存款"等科目，贷记"其他业务收入"科目；按该项投资性房地产的账面余额，借记"其他业务成本"科目；按其成本，贷记"投资性房地产——成本"科目；按其累计公允价值变动，贷记或借记"投资性房地产——公允价值变动"科目。同时，结转投资性房地产累计公允价值变动。若存在原转换日计入资本公积的金额，也一并结转。就是在处置投资性房地产时将转换日记入资本公积的金额转入当期损益：借记"资本公积——其他资本公积"科目，贷记"其他业务收入"科目。在转换日，投资性房地产公允价值大于账面价值的话，借记"投资性房地产——公允价值变动"科目，贷记"资本公积——其他资本公积"科目，待该项投资性房地产处置时，因转换计入资本公积的部分应转入当期的"其他业务成本"科目，借记"资本公积——其他资本公积"科目，贷记"其他业务收入"科目。

第四章 固定资产与无形资产

第一节 固定资产

一、固定资产概述

(一) 固定资产的定义与确认

1. 固定资产的定义

固定资产，是指同时具有下列特征的有形资产：①为生产商品、提供劳务、出租或经营管理而持有；②使用寿命超过一个会计年度。固定资产一般包括房屋和建筑物、机器、机械、运输工具以及其他与生产、经营有关的动力设备、传导设备、器具、工具等。

判断一项资产是否属于固定资产，常用的标准有以下三个方面。

①使用目的标准。固定资产是企业的劳动工具或手段，企业持有固定资产是为了生产商品、提供劳务、出租或经营管理，而不是直接用于出售。其中出租的固定资产是指用以出租的机器设备类固定资产，不包括以经营租赁方式出租的建筑物。

②使用寿命标准。固定资产使用期限较长，使用寿命超过一个会计年度。固定资产的使用寿命是指企业使用固定资产的预计期间，或者该固定资产所能生产产品或提供劳务的数量。通常情况下，固定资产的使用寿命是指使用固定资产的预计期间，如自用房屋建筑物的使用寿命按使用年限表示。对于某些机器设备或运输设备等固定资产，其使用寿命以该固定资产所能生产产品或提供劳务的数量来表示。

③资产形态标准。固定资产属于有形资产。这与企业的无形资产、应收账款、其他应收款等资产不同。如无形资产为生产商品、提供劳务而持有，使用寿命超过一个会计年度，但是由于其没有实物形态，所以不属于固定资产。

2. 固定资产的确认

一项资产要确认为固定资产，首先要符合固定资产的定义，其次还要同时符合固定资产的确认条件。

①与固定资产有关的经济利益很可能流入企业。与固定资产有关的经济利益很可能流入企业是企业确认固定资产的条件之一，企业必须对所确认固定资产未来经济利益流入企业的确定程度做出可靠的估计，只有在企业确认通过该项固定资产很可能获得报酬时才确认为企业的固定资产。在实务中，即使企业对该项固定资产没有所有权，如果企业能够控制固定资产带来的经济利益，使之能够流入企业，则该项固定资产也应予以确认，如融资租入的固定资产等。

②该固定资产的成本能够可靠地计量。这是固定资产确认的一个基本条件。如果企业对固定资产能够拥有和控制，其价值量一般都能可靠地计量。例如，外购固定资产，在交易时就确定了它的大部分价值；自行建造的固定资产，可以根据企业购买的材料、发生的人工费和建造过程中的其他投入对其成本进行可靠的计量等。

（二）固定资产的分类

1. 按所有权分类

按所有权对固定资产进行分类，可分为自有固定资产和租入固定资产。

自有固定资产是指企业拥有的可供企业自行支配使用的固定资产。租入固定资产是指企业采用租赁方式从外单位租入的固定资产。租入的固定资产所有权属于出租单位。租入固定资产按其风险和报酬是否转移，分为经营性租入固定资产和融资性租入固定资产。其中，融资性租入固定资产是指采用租赁方式租入的固定资产，根据实质重于形式的要求，在租赁期内，企业应将其视同自有资产进行管理和核算。

2. 按经济用途分类

按照经济用途可以将固定资产划分为生产经营用固定资产和非生产经营用固定资产。

生产经营用固定资产是指直接参与或直接服务于生产经营过程的各种固定资产，如用于企业生产经营的房屋、建筑物、机器设备、运输设备、工具器具等。

非生产经营用固定资产是指不直接服务于生产经营过程的各种固定资产，如用于职工住宅、公共福利设施、文化娱乐、卫生保健等方面的房屋、建筑物、设施和器具等。

3. 按使用情况分类

按照使用情况可以将固定资产划分为在用固定资产、未使用固定资产和不需用固定资产。

在用固定资产是指企业正在使用的经营用固定资产和非经营用固定资产。企业的房屋及建筑物无论是否在实际使用，都应视为在用固定资产。基于季节性生产经营或进行大修理等原因暂时停止使用以及存放在生产车间或经营场所备用、轮换使用的固定资产，也属于使用中固定资产。

未使用固定资产是指已购建完成但尚未交付使用的新增固定资产以及进行改建、扩建等暂时脱离生产经营过程的固定资产。

不需用固定资产是指本企业多余或不适用，等待处置的固定资产。

4. 综合分类

为了更好地满足固定资产管理和核算的需要，将几种分类标准结合起来，采用综合的标准对固定资产进行分类。具体为生产经营用固定资产、非生产经营用固定资产、未使用固定资产、不需用固定资产、出租用固定资产、融资性租入固定资产、土地等。其中，土地是指已经估价单独入账的土地。

（三）固定资产的计量

固定资产的计量是指以货币为计量单位衡量固定资产的价值。这是进行固定资产价值核算的重要内容。一般而言，固定资产存在三种计量标准，即原始价值、重置价值和净值。

1. 原始价值

固定资产的计量一般应以原始价值为标准。原始价值是指取得某项固定资产时和直至使该项固定资产达到预定可使用状态前所实际支付的各项必要的、合理的支出，一般包括买价、进口关税、运输费、场地整理费、装卸费、安装费、专业人员服务费和其他税费等。

2. 重置价值

重置价值是指在现时的生产技术和市场条件下，重新购置同样的固定资产所需支付的全部代价。重置价值所反映的是固定资产的现时价值，只能作为固定资产的一个辅助计价标准来使用。在取得无法确定原始价值的固定资产时，如盘盈固定资产，应以重置价值为计价标准，对固定资产进行计价。

3. 净值

净值是指固定资产原始价值减去累计折旧后的余额，也称折余价值。它是确认固定资产盘盈、盘亏、出售、报废、毁损等溢余或损失的依据。

4. 现值

现值是指固定资产在使用期间及处置时产生的未来净现金流量的折现值。

（四）固定资产核算应设置的科目

固定资产核算应设置以下科目。

① "固定资产"科目。该科目用来核算企业固定资产的原价。该科目借方登记企业增加的固定资产原价，贷方登记企业减少的固定资产原价，期末余额在借方，表示企业固定资产的原价。该科目应按固定资产类别和项目设置明细科目，进行明细核算。

② "累计折旧"科目。该科目用来核算企业提取固定资产折旧的累计数额，属于"固定资产"的抵减调整科目。该科目借方登记减少的固定资产的已提折旧，贷方登记计提的折旧，期末余额在贷方，表示固定资产的累计折旧。

③ "固定资产减值准备"科目。该科目用来核算企业固定资产市价持续下跌，或技术陈旧、损坏、长期闲置等原因导致其可收回金额低于账面价值的差额，属于"固定资产"的抵减调整科目。借方登记处置固定资产时结转的减值准备，贷方登记提取的减值准备，期末余额在贷方，表示企业已经计提但尚未转销的固定资产减值准备。

④ "在建工程"科目。该科目用来核算企业基建、更新改造等在建工程发生的支出。借方登记在建工程发生的各项费用，贷方登记结转的在建工程成本，期末余额在借方，表示尚未达到预定可使用状态的在建工程的成本。该科目应设置"建筑工程""安装工程""在安装设备"以及"单项工程"等明细科目，进行明细核算。

⑤ "工程物资"科目。该科目用来核算企业为在建工程准备的各种物资的成本。借方登记企业取得工程物资的成本，贷方登记领用的工程物资的成本，期末余额在借方，表示企业为在建工程准备的各种物资的成本。该科目应设置"专用材料""专用设备""工器具"等明细科目，进行明细核算。

⑥ "固定资产清理"科目。该科目用来核算企业因出售、报废、对外投资、非货币性资产交换、债务重组等原因转出的固定资产的价值以及在清理过程中发生的费用等，确定固定资产的处置损益。借方登记需要：处置的固定资产账面价值、发生的清理费用及应交的税费，以及转作营业外收入的数额；贷方登记取得的固定资产出售价款、残料变价收入、保险及过失人赔款等项收入，以及转作营业外支出的数额。期末余额在借方，表示尚未清理完毕的固定资产的清理净损失。该科目应按被清理的固定资产项目设置明细科目，进行明细核算。

二、固定资产的取得

（一）外购固定资产

企业外购的固定资产，其成本包括实际支付的买价、进口关税和其他税费，以及使固定资产达到预定可使用状态前所发生的可归属于该项资产的费用，如场地整理费、运输费、装卸费、安装费和专业人员服务费等。

（二）自行建造固定资产

自行建造的固定资产，从发生第一笔购置支出到固定资产完工交付使用，通常需要经历一段较长的建造期间。企业自行建造的固定资产，应按照建造该项固定资产达到预定可使用状态前所发生的全部支出，作为入账价值。

1. 自营工程

自营工程是指企业自行组织工程物资采购、自行组织施工人员施工的建筑工程和安装工程。企业将固定资产建造工程中所发生的直接支出计入工程成本，按规定，其内容主要包括消耗的工程物资、原材料、库存商品、负担的职工薪酬，辅助生产部门为工程提供的水、电、设备安装、修理、运输等劳务支出，以及工程发生的待摊支出（包括工程管理费、征地费、可行性研究费、临时设施费、公证费、监理费及应负担的税费等）。

2. 出包工程

出包工程是指企业通过招标方式将工程项目发包给建造承包商，由建造承包商组织施工的建筑工程和安装工程。出包工程多用于企业的房屋、建筑物的新建、改建及扩建工程等。在出包方式下，固定资产建造工程支出由建筑承包商核算，出包企业只需按出包合同规定向承包单位支付工程价款，并将支付的全部工程价款作为工程成本，在这种方式下，"在建工程"科目是企业与建造承包商办理工程价款的结算科目。

（三）投资者投入固定资产

投资者投入的固定资产，应按投资合同或协议约定价值确定成本，但合同或协议约定价值不公允的，应按固定资产的公允价值确定。

（四）接受捐赠固定资产

接受捐赠的固定资产的入账价值。一般分为两种情况。

①捐赠方提供了有关凭据的，按凭据上标明的金额加上应支付的相关税费，作为入账价值，其中的增值税作为进项税额入账。

②捐赠方没有提供有关凭据的，同类或类似固定资产存在活跃市场的，按市场价格估计的金额加上应支付的相关税费，作为入账价值；不存在活跃市场的，按该固定资产预计未来现金流量的现值，加上应支付的相关税费，作为入账价值。

三、固定资产的折旧

（一）固定资产折旧的含义

固定资产折旧是指固定资产由于损耗而逐渐转移的价值。这部分转移的价值以折旧费的形式计入成本或费用，并从企业的营业收入中得到补偿。固定资产损耗可分为有形损耗和无形损耗。有形损耗是指固定资产在使用过程中由于磨损而发生的使用性损耗和由于受自然力影响而发生的自然损耗。无形损耗是指由于技术进步、劳动生产率的提高等引起的固定资产价值的损失。

为了使成本和相应的收入相配比，企业必须将固定资产的取得成本转入成本或费用中。折旧是企业采用合理而系统的分配方法将固定资产的取得成本在固定资产的使用年限内进行合理分配，使之与各期的收入相配比，以确认企业的损益。

（二）固定资产折旧的计算

1. 影响固定资产折旧的因素

①原始价值。固定资产的原始价值，是指固定资产取得时的初始入账价值。以原始价值作为计算折旧的基数，可以使折旧的计算建立在客观的基础上。

②预计净残值。预计净残值是指固定资产报废清理时可以收回的残余价值扣除清理费用后的数额。固定资产的净残值在计算固定资产折旧时应从固定资产的折旧计算基数中扣除，企业应当根据固定资产的性质和使用情况，合理地确定固定资产的预计净残值。

③预计使用年限。预计使用年限是指固定资产预计的可使用年限。在确定固定资产的使用寿命时，企业主要应当考虑固定资产的预计生产能力、有形损耗、无形损耗以及法律法规对资产使用的限制等因素。企业应当根据固定资产的性质和使用情况，合理确定固定资产的使用寿命。

2. 固定资产折旧范围

根据企业会计准则的规定，企业应对所有的固定资产计提折旧，已提足折旧仍继续使用的固定资产，以及按规定单独估价作为固定资产入账的土地除外。在确定固定资产折旧的范围时还应注意：

第一，固定资产应当按月计提折旧。当月增加的固定资产，当月不计提折旧，从下月起计提折旧；当月减少的固定资产，当月仍计提折旧，从下月起不计提折旧。

第二，固定资产提足折旧后，不论是否继续使用，均不再计提折旧，提前报废的固定资产，未提足折旧的，也不再补提。

第三，已达到预定可使用状态但尚未办理竣工决算手续的固定资产，应当按照估计价值确定其成本，并计提折旧；待办理竣工决算手续后，再按实际成本调整原来的暂估价值，但不需要对原已提折旧进行调整。

3. 固定资产折旧的计算方法

固定资产折旧的计算方法是将应提折旧总额在固定资产各使用期间进行分配时所采用的具体计算方法。固定资产的应计折旧额是指应当计提折旧的固定资产原价扣除其预计净残值后的余额；如果已对固定资产计提减值准备，还应当扣除已计提的固定资产减值准备金额。

固定资产折旧的计算方法包括年限平均法、工作量法、双倍余额递减法、年数总和法等。因此，企业应根据固定资产的性质、受有形损耗和无形损耗影响的方式及程度、科技发展及其他因素，合理选择固定资产的折旧方法，企业折旧方法一经确定，不能随意变更。

（1）年限平均法

年限平均法也称为直线法，它是以固定资产预计使用年限为分摊标准，将固定资产的应提折旧总额均衡分摊到使用各年的一种折旧方法。采用这种折旧方法，各年折旧额相等，不受固定资产使用频率或生产量多少的影响。年限平均法计算折旧的公式如下：

$$年折旧额 = （原始价值-预计净残值）÷预计使用年限$$

在实务中，固定资产折旧额是根据折旧率计算的。折旧率是指折旧额占原始价值的比重。用公式表示如下：

$$年折旧率=年折旧额÷原始价值×100\%=（1-预计净残值率）÷预计使用年限×100\%$$

$$月折旧率=年折旧率÷12$$

其中，

$$预计净残值率=预计净残值÷原始价值×100\%$$

$$年折旧额=原始价值×年折旧率$$

$$月折旧额=年折旧额÷12$$

折旧率可分为个别折旧率、分类折旧率和综合折旧率进行计算。

年限平均法的优点是：计算过程简便易行，容易理解。

年限平均法的缺点为：①只注重固定资产的使用时间，忽视使用状况，各年计提同样的折旧费用，显然不合理。②固定资产各年的使用成本负担不均衡。一般来说，随着资产的使用，所需要的修理、保养等费用将会逐年增加，这就产生了固定资产使用早期负担费用偏低，而后期负担偏高的现象。

（2）工作量法

工作量法是以固定资产预计可完成的工作总量为分摊标准，根据各年实际完成的工作量计算折旧的一种方法。采用这种折旧方法，各年折旧额的大小随工作量的变动而变动。工作量法计算折旧，首先要计算固定资产单位工作量的折旧额，其次根据每期的实际工作量计算当期的折旧额。用公式表示如下：

单位工作量折旧额＝原始价值×（1-预计净残值率）÷预计工作量总额

年折旧额＝某年实际完成的工作量×单位工作量折旧额

采用工作量法，对不同的固定资产，应选择适当的工作量标准计算折旧，如机器设备应按工作小时计算折旧，运输工具应按行驶里程计算折旧，建筑施工机械应按工作台班时数计算折旧等。

工作量法一般适用于使用情况很不均衡，使用的季节性较为明显的大型机器设备、大型施工机械，以及运输单位或其他企业专业车队的客、货运汽车等固定资产折旧的计算。

工作量法的优点是：比较简单实用，而且以固定资产的工作量为分配固定资产成本的标准，使各年计提的折旧额与固定资产的使用程度成正比，比较合理。

工作量法的缺点是：将有形损耗看作引起固定资产折旧的唯一因素，忽视了无形损耗的客观存在。工作量法在计算固定资产前后期折旧时采用了一致的单位工作量的折旧额，而实际上这一折旧额在各期是不一样的。

（3）双倍余额递减法

这种方法属于加速折旧法，即固定资产折旧费用在使用前期提得较多，在使用后期提得较少，使固定资产的大部分成本在使用早期尽快得到补偿，从而加快折旧速度的一种计算折旧的方法。

双倍余额递减法是以双倍的直线折旧率作为加速折旧率，乘以各年年初固定资产账面净值计算各年折旧额的一种方法。双倍余额递减法的折旧率是以直线法不考虑净残值的折旧率乘以 2 来确定。折旧额的计算用公式表示如下：

年折旧率＝2÷预计使用年限×100%

$$年折旧额＝固定资产账面净值×年折旧率$$

$$月折旧额＝年折旧额÷12$$

需要注意的是，这里的折旧年度是指"以固定资产开始计提折旧的月份为始计算的1个年度期间"。在会计实务中，为简化折旧的计算，在固定资产预计使用年限的最后两年，将双倍余额递减法改为直线法，将剩余的应提折旧总额在最后两年平均计算。

（4）年数总和法

年数总和法属于加速折旧法。年数总和法是以计算折旧当年固定资产尚可使用年数作分子，以固定资产各年尚可使用年数的总和作分母，分别确定各年折旧率，用各年折旧率乘以应提折旧总额计算每年折旧额的一种方法。与双倍余额递减法相比，年数总和法的特点是各年计算折旧的基数相同，都是应提折旧总额，但各年的折旧率是一个递减的分数，因此各年的折旧额也是递减的。年数总和法计算折旧的公式如下：

$$年折旧率＝各年尚可使用年限÷各年尚可使用年限之和×100\%$$

$$年折旧额＝（原始价值-预计净残值）×年折旧率$$

$$月折旧额＝年折旧额÷12$$

和直线法相比，加速折旧法对应提折旧总额在各使用年限之间的分配上采用了递减的方式而不是平均的方式。可以使固定资产的使用成本各年保持大致相同，使各期的负担相对均衡；使收入和费用合理配比；将固定资产的大部分成本在使用早期收回，可使无形损耗的影响降至最低。我国会计准则规定企业可以采用的加速折旧方法是双倍余额递减法和年数总和法两种。

（三）固定资产折旧的会计处理

在会计实务中，企业一般都是按月计提固定资产折旧的。企业各月计提折旧时，在上月计提折旧的基础上，对上月固定资产的增减情况进行调整后计算当月应计提的折旧额。用公式表示如下：

$$当月固定资产应计提折旧额＝上月固定资产计提的折旧额＋上月增加的固定资产$$
$$应计提的月折旧额-上月减少的固定资产应计提的月折旧额$$

固定资产的折旧费用，应根据固定资产的使用者和受益对象分配计入有关的成本或费用中。企业管理部门使用的固定资产的折旧费用，计入管理费用；生产部门使用的固定资产的折旧费用，计入制造费用；专设销售机构使用的固定资产的折旧费用，计入销售费用；经营性出租的固定资产的折旧费用，计入其他业务成本等。

四、固定资产的后续支出

（一）固定资产后续支出概述

固定资产的后续支出，是指固定资产在使用过程中发生的更新改造支出、修理费用等。企业固定资产投入使用后，为了适应新技术发展的需要，或为维护并提高固定资产使用效能，往往会发生一定的后续支出，固定资产的增置、改良与改善、换新、修理、重新安装等业务发生的支出。

企业发生可资本化的固定资产支出，会计核算应分为以下几个步骤。

①企业应将固定资产原值、已计提的累计折旧和减值准备转销，将固定资产的账面价值（固定资产的账面价值=固定资产原值−累计折旧−固定资产减值准备）转入在建工程，在此基础上重新确认固定资产的原价，同时停止计提折旧。

②固定资产后续支出通过"在建工程"科目核算。

③在固定资产完工并达到可使用状态时，再将在建工程的科目余额转入固定资产，并按重新确定的使用寿命、预计净残值和折旧方法计提折旧。

固定资产后续支出的处理原则：与固定资产有关的更新改造等后续支出，符合固定资产确认条件的，应当计入固定资产成本，同时将被替换部分的账面价值扣除；与固定资产有关的修理费用等后续支出，不符合固定资产确认条件的，应当计入当期损益。

（二）资本化的后续支出

1. 增置

增置是指固定资产总体数量的增加，包括添置全新的固定资产项目和对原有固定资产项目进行改建、扩建、延伸、添加、补充等。增置需要追加固定资产投资，一般情况下，应将其进行资本化处理。

改建、扩建后的固定资产，应视同固定资产的增加而进行会计处理。改扩建后固定资产的价值是按照在原有固定资产账面价值的基础上，加上由于扩建而发生的支出，减去扩建过程中发生的收入来确定的。

2. 资产部分单元组更换

如果后续支出为对资产部分单元组进行更换，应将替换下来的旧资产单元账面价值从原工程成本中扣除，同时，作为损失计入营业外支出。

3. 重新安装

对需要重新安装的固定资产，由于重新安装的固定资产原始价值中已经包含了初始安装成本，为了避免重复计价，应先将初始安装成本的账面净值从固定资产价值中减除，并作为该项资产的废弃损失，计入营业外支出，然后代之以新安装成本。

（三）费用化的后续支出

企业生产车间和行政管理部门发生的不可资本化的后续支出，如固定资产的修理费用，在修理费用发生的当期计入当期损益。

五、固定资产处置

（一）固定资产处置概述

企业的固定资产出于使用磨损、科技进步、遭受自然灾害、经营方向转变等原因，需要退出生产经营过程进行处置。固定资产处置的方式主要包括出售、转让、报废或毁损、对外投资或捐赠、非货币性资产交换、债务重组等。

固定资产在处置过程中会发生收益或损失，称为处置损益。它以处置固定资产所取得的各项收入与固定资产账面价值、发生的清理费用以及相关税费之间的差额来确定。其中，处置固定资产的收入包括出售价款、残料变价收入、保险及过失人赔款等项收入；清理费用包括处置固定资产时发生的拆卸、搬运、整理等费用。

（二）固定资产处置的步骤

固定资产处置，一般分以下几个步骤进行。

①将固定资产转入清理时，按固定资产账面价值，借记"固定资产清理"科目，按已提的累计折旧，借记"累计折旧"科目，按已计提的减值准备，借记"固定资产减值准备"科目，按固定资产原值，贷记"固定资产"科目。

②确认发生的清理费用。固定资产清理时发生的清理费用以及应支付的相关税费，借记"固定资产清理"科目，贷记"银行存款"科目。

③出售收入、残料变价收入和保险赔偿等的处理。固定资产清理时出售残料变价收入、保险及过失人赔款等收入应借记"原材料""银行存款""其他应收款"等科目，贷记"固定资产清理"科目。

④清理净损益的处理。

第一种，清理净损失。属于生产经营期间毁损、报废发生、自然灾害等的净损失，借记"营业外支出"科目，贷记"固定资产清理"科目。属于出售带来的净损失借记"资产处置损益"科目，贷记"固定资产清理"科目。

第二种，清理净收益。固定资产出售带来的净收益，借记"固定资产清理"科目，贷记"资产处置损益"科目。

（三）固定资产处置的会计处理

1. 固定资产出售

出售固定资产的损益是指出售固定资产取得的价款与固定资产账面价值、发生的清理费用等之间的差额。

2. 固定资产报废

固定资产报废分为到期正常报废、提前报废和超龄使用后报废三种情况。无论是何种情况，其损益的计算方法是一样的，都是指报废时固定资产的账面价值、发生的清理费用与残料变价收入之间的差额。

3. 固定资产毁损

固定资产毁损主要是由于自然灾害等不可抗力因素，或是由于责任事故等人为因素造成的损失。固定资产毁损的净损失是指毁损固定资产的账面价值，加上发生的清理费用，扣除残料变价收入以及保险赔款、责任人赔款后的净额。

企业固定资产的减少方式，还包括以固定资产清偿债务、投资或捐赠转出、非货币性资产交换换出、盘亏等。

六、固定资产清查

为加强固定资产的实物管理，确保固定资产的安全和完整，企业应当定期或至少每年对固定资产进行一次清查，确定企业的固定资产是否与账簿记录相一致。

（一）固定资产盘盈

对发现盘盈的固定资产，在未报经批准处理前，如果同类或类似固定资产存在活跃市场的，应按同类或类似固定资产的市场价格，减去按该项固定资产新旧程度估计价值损耗后的余额，作为入账价值；如果同类或类似固定资产不存在活跃市场的，应按盘盈固定资产的预计未来现金流量的现值计价入账。

盘盈的固定资产，应作为企业以前年度的差错，记入"以前年度损益调整"科目。

（二）固定资产盘亏

如果通过清查发现账簿记录的固定资产实物不存在，则为固定资产盘亏。其处理原则是以实存为基础，调整账簿记录，做到账实相符，经批准后，将盘亏损失计入营业外支出。

盘亏的固定资产应通过"待处理财产损溢——待处理固定资产损溢"科目进行核算。发现盘亏的固定资产，在未报经批准处理前，按账面原价和累计折旧予以注销，其净值记入"待处理财产损溢——待处理固定资产损溢"科目；待报经批准处理后，再将净值转入"营业外支出——固定资产盘亏"科目。

七、固定资产减值

（一）固定资产减值的含义

由于经营环境变化和科技进步等原因的影响，企业固定资产创造未来经济利益的能力会发生非正常下降，使固定资产的可收回金额低于其账面价值，从而发生固定资产减值，企业应对资产负债表日对发生减值的固定资产计提固定资产减值准备，对固定资产计价进行调整。其公式为：

$$固定资产减值损失 = 固定资产账面价值 - 固定资产可收回金额$$

会计期末，固定资产应按其可收回金额与账面价值孰低进行计价。企业应当于会计期末至少每年年末对固定资产进行逐项检查，以确定是否发生固定资产减值。

存在下列迹象的，表明固定资产可能发生了减值。

第一，资产的市价当期大幅度下跌，其跌幅明显高于因时间的推移或者正常使用而预计的下跌。

第二，企业经营所处的经济、技术或者法律等环境以及资产所处的市场在当期或者将在近期发生重大变化，从而对企业产生不利影响。

第三，市场利率或者其他市场投资报酬率在当期已经提高，从而影响企业计算资产预计未来现金流量现值的折现率，导致资产可收回金额大幅度降低。

第四，有证据表明资产已经陈旧过时或者其实体已经损坏。

第五，资产已经或者将被闲置、终止使用或者计划提前处置。

第六，企业内部报告的证据表明资产的经济绩效已经低于或者将低于预期，如资产所创造的净现金流量或者实现的营业利润（或者损失）远远低于预计金额等。

第七，其他表明资产可能已经发生减值的迹象。

（二）固定资产可收回金额的计量

在固定资产存在可能发生减值的迹象时，需要计算固定资产的可收回金额。固定资产的可收回金额应当根据资产的公允价值减去处置费用后的净额与资产预计未来现金流量的现值两者之间较高者确定。

固定资产可收回金额的估计方法如下。

①固定资产公允价值减去处置费用后净额的估计。

固定资产公允价值，可以销售协议价、买方出价、最佳信息的估计数等加以确定。处置费用包括与资产处置有关的法律费用、相关税费、搬运费以及为使资产达到可销售状态所发生的直接费用等。

②固定资产预计未来现金流量现值的估计。

资产预计未来现金流量是指资产在持续使用过程中和最终处置时所产生的预计未来现金流量。

第二节　无形资产

一、无形资产概述

（一）无形资产的定义与特征

无形资产是指企业拥有或控制的、没有实物形态的可辨认非货币性资产，主要包括专利权、非专利技术、商标权、著作权、特许权等。相对于其他资产，无形资产具有以下四个特征。

1. 不具有实物形态

无形资产通常表现为某种权利、技术或某种获取超额利润的综合能力，不具有实物形态。例如，土地使用权、非专利技术等。另外，有些无形资产的存在有赖于实物作载体，如计算机软件，因为它是相关硬件必不可少的组成部分，所以就属于无形资产，但这并不改变无形资产不具有实物形态这一特征。

需要指出，无形资产不具有实物形态，但不具有实物形态的资产不一定都是无形资产。例如，作为投资性房地产的土地使用权、企业合并中形成的商誉、应收账款等，都不是无形资产。

2. 由企业拥有或控制并能为其带来未来经济利益的资源

通常情况下，企业拥有或者控制的无形资产，是指企业拥有该项无形资产的所有权，且该项无形资产能够为企业带来未来经济利益。但在某些情况下并不需要企业拥有其所有权，如果企业有权获得某项无形资产产生的经济利益，同时又能约束其他人获得这些经济利益，则说明企业控制了该无形资产，或者说控制了该无形资产产生的经济利益，并受法律的保护。

3. 具有可辨认性

无形资产定义中的可辨认性标准主要有：

①能够从企业中分离或者划分出来，并能单独或者与相关合同、资产或负债一起用于出售、转让、授予许可、租赁或者交换。

②源自合同性权利或其他法定权利，无论这些权利是否可以从企业或其他权利和义务中转移或者分离。例如，企业通过法定程序申请取得的专利权、商标权等。

4. 属于非货币性资产

无形资产由于没有发达的交易市场，一般不轻易转化为现金，在持有过程中为企业带来未来经济利益的情况不确定，不属于以固定或可确定的金额收取的资产，因而，无形资产属于非货币性资产。

（二）无形资产的内容

1. 专利权

专利权是指国家专利主管机关依法授予发明创造专利申请人，对其发明创造在法定期限内所享有的专有权利，包括发明专利权、实用新型专利权和外观设计专利权。专利权的主体是依据专利法被授予专利权的个人或单位，专利权的客体是受专利法保护的专利范围。

2. 非专利技术

非专利技术也称为专有技术，是指不为外界所知、在生产经营活动中已采用了的、不享有法律保护的、可以为企业带来经济效益的各种技术和诀窍。非专利技术一般包括工业专有技术、商业贸易专有技术、管理专有技术等。

3. 商标权

商标是用来辨认特定的商品或劳务的标记。商标权是指专门在某类指定的商品或产品上使用特定的名称或图案的权利。商标权的价值在于它能使企业获取较高的获利能力。我国商标法规定，商标权的有效期限为 10 年，期满前可继续申请续展注册期。

4. 著作权

著作权又称为版权，是指作者对其创作的文学、科学和艺术作品依法享有的某些特殊权利。著作权包括作品署名权、发表权、修改权和保护作品完整权，还包括复制权、发行权、出租权、展览权、表演权、放映权、广播权、信息网络传播权、摄制权、改编权、翻译权、汇编权以及应当由著作权人享有的其他权利。

5. 特许权

特许权又称为经营特许权、专营权，是指企业在某一地区经营或销售某种特定商品的权利或是一家企业接受另一家企业使用其商标、商号、技术秘密等的权利。

6. 土地使用权

土地使用权是指国家准许企业在一定期间内对国有土地享有开发、利用、经营的权利。企业取得土地使用权的方式主要包括行政划拨取得、外购取得及投资者投资取得等。

（三）无形资产的分类

1. 按取得来源分类

无形资产按取得来源可分为以下两类。

①外来无形资产，是指从企业外部取得的无形资产，主要包括购入的无形资产、投资者投入的无形资产、企业合并取得的无形资产、债务重组取得的无形资产、以非货币性资产交换取得的无形资产以及政府补助取得的无形资产等。

②自创无形资产，是指企业自行研制、开发的无形资产。

2. 按使用寿命是否有限分类

无形资产按使用寿命是否有限可分为两类。

①期限确定的无形资产，是指在有关法律中规定有最长有效期限的无形资产，如专利权、商标权、著作权等。

②期限不确定的无形资产，是指没有相关法律规定其有效期限的、其经济寿命难以预先准确估计的无形资产，如非专利技术等。

（四）无形资产的确认

1. 无形资产确认的一般条件

无形资产没有实物形态，作为无形项目，只有同时满足以下三个条件，才能将其确认为无形资产：①符合无形资产的定义；②与该无形资产相关的预计未来经济利益很可能流入企业；③无形资产的成本能够可靠地计量。

2. 无形资产确认的应用

（1）土地使用权确认为无形资产

企业取得的土地使用权通常应确认为无形资产。土地使用权用于自行开发建造厂房等地上建筑物时，土地使用权的账面价值不与地上建筑物合并计算其成本，而应单独作为无形资产进行核算，土地使用权与地上建筑物分别进行摊销和提取折旧。

但下列情况除外：

①房地产开发企业取得的土地使用权用于建造对外出售的房屋建筑物，相关的土地使用权应当计入所建造的房屋建筑物成本。

②企业外购的房屋建筑物，实际支付的价款中包括土地以及建筑物的价值，则应当对支付的价款按照一定标准在土地和地上建筑物之间进行分配；如果确实无法在地上建筑物与土地使用权之间进行合理分配的，应当全部作为固定资产核算。

企业改变土地使用权的用途，将其作为用于出租或增值目的时，应将其转为投资性房地产。

（2）企业合并中取得的无形资产

按照企业会计准则的规定，非同一控制下的企业合并中，购买方取得的无形资产应以其在购买日的公允价值计量，而且合并中确认的无形资产并不仅限于被购买方原已确认的无形资产，只要该无形资产的公允价值能够可靠计量，购买方就应在购买日将其独立于商誉确认为一项无形资产。具体分为以下情况：

①企业合并中取得的无形资产，其公允价值能够可靠计量的，则应单独确认为无形资产。

②企业合并中取得的无形资产本身可能是可以单独辨认的，但其计量或处置与有形的或无形的资产一并作价，在这种情况下，如果该无形资产及与其相关的资产各自的公允价值不能可靠计量，则应将该资产组独立于商誉确认为相关资产。

（3）自行开发的无形资产

企业自行开发的无形资产，分为研究阶段与开发阶段。研究阶段的支出，不能资本化，而是在发生时全部计入当期损益。对开发阶段的支出，应该满足一定的条件才能予以资本化，计入无形资产的价值，待完成后确认为企业的无形资产。这些条件包括：

①完成该无形资产以使其能够使用或出售在技术上具有可行性。

②具有完成该无形资产并使用或出售的意图。

③无形资产产生经济利益的方式，应当证明其有用性。

④有足够的技术、财务资源和其他资源支持，以完成该无形资产的开发，并有能力使用或出售该无形资产。

⑤归属于该无形资产开发阶段的支出能够可靠地计量。

（五）无形资产核算账户的设置

①"无形资产"科目，借方登记取得无形资产的成本；贷方登记转销无形资产的成本；期末余额在借方，表示企业无形资产的成本。

②"研发支出"科目，借方登记企业发生的各项研发支出；贷方登记转销的各项研发支出；期末余额在借方，表示企业正在进行无形资产研发项目满足资本化条件的支出。该科目应当按照研究开发项目，分别设置"费用化支出"与"资本化支出"明细科目，进行明细核算。

③"累计摊销"科目，贷方登记计提无形资产的摊销额；借方登记处置无形资产时应转销的累计摊销额；期末余额在贷方，表示企业无形资产的累计摊销额。

④"无形资产减值准备"科目，贷方登记计提的减值准备；借方登记处置无形资产时转销的减值准备；期末余额在贷方，表示企业已计提但尚未转销的无形资产减值准备。

二、无形资产的取得

（一）外购的无形资产

外购无形资产的成本包括购买价款、相关税费以及直接归属于使该项资产达到预定用途所发生的其他支出。其中，直接归属于使该项无形资产达到预定用途所发生的其他支出，是指使无形资产达到预定用途所发生的专业服务费用、测试无形资产是否能够正常发挥作用的费用等。相关税费不包括按照现行增值税制度规定，可以从销项税额中抵扣的增值税进项税额。

企业取得的土地使用权通常应确认为无形资产。

（二） 自行研发的无形资产

企业自行开发无形资产发生的研发支出，对不满足资本化条件的，应当借记"研发支出——费用化支出"科目，满足资本化条件的，借记"研发支出——资本化支出"科目，贷记"原材料""银行存款""应付职工薪酬"等科目；自行研究开发无形资产发生的支出取得增值税专用发票可抵扣的进项税额，借记"应交税费——应交增值税（进项税额）"科目。

研究开发项目达到预定用途形成无形资产时，应按本账户"研发支出——资本化支出"的余额，借记"无形资产"科目，贷记"研发支出——资本化支出"科目。期末，企业应将本科目归集的费用化支出金额转入"管理费用"科目，借记"管理费用"科目，贷记"研发支出——费用化支出"科目。

企业如果无法可靠区分研究阶段的支出和开发阶段的支出，应将发生的研发支出全部费用化，计入当期损益，计入"管理费用"科目的借方。

（三） 投资者投入的无形资产

投资者投入无形资产的成本，应当按照投资合同或协议约定的价值确定，在投资合同或协议约定价值不公允的情况下，应按无形资产的公允价值入账。

企业按规定可以接受投资者以无形资产对企业进行投资。投资者投入的无形资产，在合同或协议约定的价值公允的前提下，应按照投资合同或协议约定的价值作为入账价值。无形资产的入账价值与折合资本额之间的差额，作为资本溢价，计入资本公积。

（四） 企业债务重组取得的无形资产

通过债务重组取得的无形资产，其入账价值应按受让无形资产的公允价值加上应支付的相关税费来确定。重组债权的账面价值与取得的无形资产公允价值之间的差额计入当期损益，借记"营业外支出"账户。如果在债务重组的过程中，债权人在受让无形资产的同时，又受让债务人的部分现金资产，重组债权的账面价值首先应冲减受让的现金资产，然后通过余额与受让无形资产公允价值进行比较，确定的差额作为债务重组损失，借记"营业外支出"账户。如果债权人已对重组债权计提减值准备的，应当先将该差额冲减减值准备，减值准备不足以冲减的部分，计入营业外支出；如果减值准备冲减该差额后仍有余额，应该转回并抵减当期资产减值损失，而不再确认债务重组损失。

（五）政府补助取得的无形资产

企业通过政府补助方式取得的无形资产应当按照公允价值计量。没有注明价值或注明价值与公允价值的差异较大，但有活跃交易市场的，应当根据有确凿证据表明的同类或类似市场交易价格作为公允价值；如没有注明价值，且没有活跃交易市场、不能可靠取得公允价值的，应当按照名义金额计量。

企业由于政府补助形成的无形资产而确认的递延收益应在无形资产的使用寿命内分配计入各期损益中。与企业日常活动相关的政府补助，应按经济业务实质，计入其他收益或冲减相关成本费用。与企业日常活动无关的政府补助，计入营业外收入。

三、无形资产的摊销

（一）无形资产使用寿命的确定

企业应当于取得无形资产时分析判断其使用寿命。企业会计准则规定，对使用寿命有限的无形资产，须在使用寿命内进行摊销；对使用寿命不确定的无形资产不应摊销。

确定无形资产的使用寿命时，企业应当在取得无形资产时就进行分析和判断，通常需要考虑的因素有以下六个方面。

①该资产通常的产品寿命周期、可获得的类似资产使用寿命的信息。

②技术、工艺等方面的现阶段情况及对未来发展趋势的估计。

②以该资产生产的产品（或服务）的市场需求情况。

③现在或潜在的竞争者预期采取的行动。

④为维持该资产产生未来经济利益能力的预期维护支出，以及企业预计支付有关支出的能力。

⑤对该资产的控制期限，使用的法律或类似限制，如特许使用期间、租赁期间等。

⑥与企业持有的其他资产使用寿命的关联性等。

（二）无形资产摊销的方法

使用寿命有限的无形资产，通常其残值视为零。对使用寿命有限的无形资产应当自可供使用（达到预定用途）当月起开始摊销，处置当月不再摊销。无形资产摊销方法包括年限平均法（直线法）、生产总量法等。企业选择的无形资产摊销方法，应当反映与该项无形资产有关的经济利益的预期实现方式。无法可靠确定预期实现方式的，应当采用年限平均法（直线法）摊销。企业应当按月对无形资产进行摊销。

（三）无形资产摊销的账务处理

无形资产的摊销额一般应当计入当期损益。企业管理用的无形资产，其摊销金额计入管理费用；出租的无形资产，其摊销金额计入其他业务成本；某项无形资产包含的经济利益通过所生产的产品或其他资产实现的，其摊销金额应当计入相关资产成本。

企业按月计提无形资产摊销额时，借记"管理费用""制造费用""其他业务成本"等账户，贷记"累计摊销"账户。

四、无形资产的减值

（一）无形资产减值的概念

根据企业会计准则的规定，无形资产的可收回金额低于其账面价值时，应当将无形资产的账面价值减记至可收回金额，减记的金额确认为无形资产减值损失，计入当期损益，同时计提相应的无形资产减值准备。资产减值损失确认后，减值无形资产的摊销费用应当在未来期间做相应调整，以使该无形资产在剩余使用寿命内系统地分摊调整后的无形资产账面价值（扣除预计净残值）。无形资产减值损失一经确认，在以后会计期间不得转回。

对使用寿命有限的无形资产，如果存在减值迹象，应进行减值测试；对使用寿命不确定的无形资产，无论是否存在减值迹象，每年都应进行减值测试。

（二）无形资产减值相关的账务处理

企业按照应减记的金额，借记"资产减值损失——计提的无形资产减值准备"科目，贷记"无形资产减值准备"科目。期末，应将"资产减值损失"账户余额转入"本年利润"科目，结转后"资产减值损失"科目无余额。

五、无形资产的处置

无形资产的处置，主要是指无形资产出售、对外出租，或者是无法为企业带来未来经济利益时，应予终止确认并转销。

（一）无形资产的出售

企业处置无形资产，应当按照实际收到或应收的金额等，借记"银行存款""其他应收账款"等科目，按照已计提的累计摊销，借记"累计摊销"科目，按照实际支付的相关费用可抵扣的进项税额，借记"应交税费——应交增值税（进项税额）"科目，按照实际支付的相关费用，记"银行存款"等科目，按无形资产的账面余额，贷记"无形资产"科目，按照开具的增值税专用发票上注明的增值税销项税税额，贷记"应交税费——应交增值税（销项税额）"科目，按照其差额，贷记或借记"资产处置损益"科目。已计提减值准备的，还应同时结转减值准备，借记"无形资产减值准备"科目。

（二）无形资产的出租

出租无形资产时，取得的租金收入，借记"银行存款"等账户，贷记"其他业务收入"等账户；摊销出租无形资产的成本并发生与转让有关的各种费用支出时，借记"其他业务成本"账户，贷记"累计摊销"账户。

（三）无形资产的报废

如果在无形资产使用的某一期间，由于各种因素的影响，使无形资产预期不能为企业带来未来的经济利益，则该无形资产应转入报废处理，其账面价值转作当期损益。转销时，应按已计提的累计摊销，借记"累计摊销"科目；按其账面余额，贷记"无形资产"科目；按其差额，借记"营业外支出"科目。已计提减值准备的，还应同时结转减值准备。

第五章　负债与所有者权益

第一节　负债

负债是由企业过去的交易或者事项形成的、预期会导致经济利益流出企业的现时义务。负债一般按流动性可划分为流动负债和非流动负债两类。流动负债是指预计在1年或超过1年的一个营业周期内偿还的债务，主要包括短期借款、应付及预收款项、应付职工薪酬、应交税费等。

一、短期借款

（一）短期借款概述

短期借款是指企业向银行或其他金融机构等借入的期限在1年以内（含1年）的各种借款，通常是为了满足企业正常生产经营资金的需要。企业借入的短期借款须按期归还本金并支付利息。

（二）短期借款的核算

为了核算企业短期借款的取得及偿还情况，应设置"短期借款"账户。该账户属于负债类账户，贷方登记取得短期借款的金额；借方登记偿还短期借款的金额；期末余额在贷方，反映尚未归还短期借款的金额。该账户可按债权人和借款种类设置明细账户进行明细核算。

在会计实务中，企业应如实反映短期借款的取得、利息的发生、本金及利息的偿还情况。

1. 取得短期借款

企业按规定取得短期借款时，应借记"银行存款"账户，贷记"短期借款"账户。

2. 短期借款的利息

在实际工作中，银行一般于每季度末收取短期借款利息，为此，企业的短期借款利息一般采用月末预提的方式进行核算。企业应当在资产负债表日，按照计算确定的短期借款利息费用，借记"财务费用"账户，贷记"应付利息"账户；实际支付时，按应付的利息金额，借记"应付利息"账户，贷记"银行存款"账户。

如果短期借款利息数额不大，也可以在实际支付或者收到银行的计息通知时，直接计入当期损益，借记"财务费用"账户，贷记"银行存款"账户。

3. 归还短期借款

企业归还短期借款时，按借款本金，借记"短期借款"账户，贷记"银行存款"账户。

二、应付及预收款项

（一）应付票据

1. 应付票据概述

应付票据是指企业购买材料、商品或接受劳务供应等而开出、承兑的商业汇票。在我国，商业汇票的付款期限最长为 6 个月，因而应付票据即短期应付票据。应付票据按是否带息分为带息应付票据和不带息应付票据两种。商业汇票按承兑人不同分为商业承兑汇票和银行承兑汇票。

为了核算应付票据的发生及偿付情况，应设置"应付票据"账户，该账户属于负债类账户，贷方登记开出、承兑汇票的面值及带息票据的预提利息；借方登记到期承兑支付的票款或转出金额，期末余额在贷方，反映企业尚未到期的商业汇票的票面金额和带息票据应计未付的利息。在"应付票据"账户下，应按收款单位设置明细账进行明细分类核算。

为了详细地反映应付票据的种类、号数、签发日、到期日、票面金额、交易合同号、收款人姓名或单位名称及付款日等详细情况，应设置"应付票据备查簿"详细登记签发和支付的详细情况。应付票据到期结清时，应在备查簿内予以注销。

2. 不带息应付票据的核算

（1）签发并承兑商业汇票

由于应付票据的偿付期限较短，在会计实务中，一般均按照开出、承兑的应付票据的面值入账，其面值就是票据到期时的应付金额。

企业因购买材料、商品或接受劳务供应等而开出、承兑的商业汇票，应当按其票面金额作为应付票据的入账金额，借记"材料采购""原材料""库存商品""应付账款""应交税费——应交增值税（进项税额）"等账户，贷记"应付票据"账户。

企业交付的银行承兑汇票手续费，应当计入当期财务费用，借记"财务费用"账户，贷记"银行存款"账户。

（2）到期承兑商业汇票

商业汇票到期支付票款时，应按账面余额予以结转，借记"应付票据"账户，贷记"银行存款"账户。

（3）转销应付票据

应付商业承兑汇票到期，若企业无力支付票款，应将应付票据按账面余额转作应付账款，借记"应付票据"账户，贷记"应付账款"账户。应付银行承兑汇票到期，若企业无力支付票款，应将应付票据按账面余额转作短期借款，借记"应付票据"账户，贷记"短期借款"账户。

3. 带息应付票据的核算

带息应付票据是指票面上注明利率的应付票据，当票据到期时，出票人（或指定付款人）除支付票面金额外，还需按票面利率支付利息。所以，带息应付票据在期末（月末、季末和年末）通常按应付票据的票面价值和确定的利率计算应付利息，并相应地增加应付票据的账面价值，计入财务费用。

（二）应付账款

1. 应付账款概述

应付账款是指企业因购买商品、材料物资或接受劳务供应等经营活动应支付给供应单位的款项。应付账款是买卖双方在购销活动中由于取得物资与支付货款在时间上的不一致而产生的债务。应付账款核算的内容主要有两个：一是入账时间的确定；二是入账金额的确定。

①入账时间的确定。应付账款的入账时间，应以与所购买物资所有权有关的主要风险和报酬已经转移或所购买的劳务已经接受为标志。在实务中，应区别情况处理：货物与发票账单同时到达，待货物验收入库后，再按发票账单登记入账。若企业购入物资等已验收入库，但发票账单未到时，为简化核算，可先不进行账务处理，待收到发票账单时再入账，若月末仍未收到发票账单，则需根据收料凭证，按暂估价入账，待下月初再用红字予以冲回。

②入账金额的确定。与其他流动负债一样，应付账款一般也应该按照应付金额入账，而不按照到期应付金额的现值入账。但是，如果在赊购物资时，应付账款的付款条件中附

有现金折扣，应付账款入账金额的确定可以采用总价法和净价法，对现金折扣进行不同的账务处理。

总价法是指应付账款按照发票上记载的应付金额总值（扣除现金折扣前的金额）入账，而不能按照其净值入账。如果企业在折扣期内支付货款而享受了现金折扣，则视为一种理财收益，冲减财务费用。

净价法是指应付账款按照发票上记载的全部应付金额扣除现金折扣之后的金额入账。如果企业超过折扣期付款而丧失现金折扣，作为一种理财费用，计入当期损益，增加财务费用。

在会计实务中，我国企业采用总价法进行处理，其优点是可以在资产负债表上反映较高的负债，符合稳健性原则，且会计处理程序简单。

2. 应付账款的核算

为了核算应付账款的发生及偿付情况，应设置"应付账款"账户。该账户属于负债类账户，贷方登记企业因购买材料、商品、接受劳务而发生的应付款项以及因无款支付到期商业汇票转入的应付票据款项；借方登记支付及转销的无法支付的应付款项；期末余额在贷方，反映尚未支付的应付账款。该账户可按债权人设置明细账进行明细分类核算。

（1）发生应付账款

企业购入材料、商品等验收入库，但货款尚未支付，应根据有关凭证，借记"原材料""材料采购"等账户，按增值税专用发票上注明的可抵扣的增值税额，借记"应交税费——应交增值税（进项税额）"账户，贷记"应付账款"账户。企业接受供应单位提供劳务而发生的应付未付款项，根据供应单位的发票账单，借记"生产成本""管理费用"等账户，贷记"应付账款"账户。

（2）偿还应付账款

企业实际支付应付账款时，借记"应付账款"账户，贷记"银行存款"账户。应付账款附有现金折扣的，应按照扣除现金折扣前的应付款总额入账。因在折扣期内付款而获得的现金折扣，应在偿付应付款时冲减财务费用。

（3）转销应付账款

企业转销确实无法支付的应付账款，应借记"应付账款"账户，贷记"营业外收入"账户。

（三）预收账款

1. 预收账款概述

预收账款是指企业按照合同规定或交易双方的约定，而向购买单位或接受劳务的单位在未发出商品或提供劳务时预收的款项，一般包括预收的货款、预收购货定金等。企业在收到这笔钱时，商品或劳务的销售合同尚未履行，因而不能作为收入入账，只能确认为一项负债，即贷记"预收账款"账户。企业按合同规定提供商品或劳务后，再根据合同的履行情况，逐期将未实现收入转成已实现收入，即借记"预收账款"账户，贷记有关收入账户。预收账款的期限一般不超过 1 年，通常应作为一项流动负债反映在各期期末的资产负债表上。

2. 预收账款的核算

为了核算企业预收账款的取得、偿付情况，应设置"预收账款"账户。该账户属于负债类账户，贷方登记发生的预收账款数额和购货单位补付货款的金额；借方登记企业向购货方发货后冲销的预收账款数额和退回购货方多付账款的金额；期末余额一般在贷方，反映企业向购货单位预收的款项但尚未向购货单位发货的金额。若为借方余额，反映企业应收的款项。该账户应按购货单位设置明细账进行明细分类核算。

企业向购货单位预收款项时，借记"银行存款"账户，贷记"预收账款"账户；销售实现时，按实现的收入和应交的增值税销项税额，借记"预收账款"账户，贷记"主营业务收入""应交税费——应交增值税（销项税额）"等账户。购货单位补付款项时，借记"银行存款"账户，贷记"预收账款"账户；退回多付的款项时，作相反的会计处理。

对预收账款不多的企业，也可将预收账款直接记入"应收账款"账户的贷方，不再单独设置"预收账款"账户。

三、应付职工薪酬

（一）应付职工薪酬的内容

职工薪酬是指企业为获得职工提供的服务而给予各种形式的报酬和其他相关支出。具体而言，职工薪酬主要包括以下八个方面的内容。

①职工工资、奖金、津贴和补贴，即按照国家统计局的规定，构成工资总额的计时工资、计件工资、支付给职工的超额劳动报酬、为了补偿职工特殊或额外的劳动消耗和因其他特殊原则支付给职工的津贴，以及为了保证职工工资水平不受物价影响支付给职工的物价补贴等。企业按规定支付给职工的加班加点工资以及根据国家法律、法规和政策规定，企业在职工因病、工伤、产假、计划生育、婚丧假、事假、探亲假、定期休假、停工学习、执行国家或社会义务等特殊情况下，按照计时工资或计件工资标准的一定比例支付的

工资，也属于职工工资范畴，在职工休假或缺勤时，不应当从工资总额中扣除。

②职工福利费，即尚未实行主辅分离、辅业改制的企业，内设医务室、职工浴室、理发室、托儿所等集体福利机构人员的工资、医务经费、职工因公负伤赴外地就医路费、职工生活困难补助费以及按照国家规定开支的其他职工福利支出等。

③社会保险费，即企业按照国家规定的基准和比例计算，向社会保险经办机构缴纳的医疗保险费、基本养老保险费、失业保险费、工伤保险费和生育保险费，养老保险费包括基本养老保险费、补充养老保险费和商业养老保险费，三者均属职工薪酬范畴。向社会保险经办机构缴纳的养老保险费为基本养老保险费；根据企业年金管理办法有关规定，向年金基金账户管理单位缴纳的养老保险费为补充养老保险费；以商业保险形式提供给职工的各种保险待遇为商业养老保险费。

④住房公积金，即企业按照国务院规定的公积金基准和比例计算，向住房公积金管理机构交存的公积金。

⑤工会经费和职工教育经费，即企业为了改善职工文化生活、提高职工业务素质用于开展工会活动和职工教育及职业技能培训，根据国家规定的基准和比例，从成本费用中提取的金额。

⑥非货币性福利，即企业将自产产品或外购商品发给职工作为福利，企业提供自己拥有的资产或租赁资产供职工无偿使用。比如，提供给企业高级管理人员使用的汽车、住房，免费为职工提供诸如医疗保健的服务，或向职工提供企业支付了一定补贴的商品或服务等，如以低于成本的价格向职工出售住房等。

⑦因解除与职工的劳动关系给予职工的补偿，即由于企业分离办社会职能、实施主辅业分离、辅业改制、分流安置富余人员、实施重组或改组计划、职工不能胜任等原因，在职工劳动合同到期之前解除与职工的劳动关系，或者为鼓励职工自愿接受裁减而提出补偿建议的计划中给予职工的经济补偿等，即国际财务报告准则中所指的辞退福利。

⑧其他与获得职工提供的服务相关的支出，即除上述七种薪酬以外的其他为获取职工提供的服务而给予的薪酬，如企业提供给职工以权益形式结算的认股权、以现金形式结算但以权益工具公允价值为基础确定的现金股票增值权等。

（二）应付职工薪酬的核算

为了核算应付职工薪酬的提取、结算和使用等情况，应设置"应付职工薪酬"账户，该账户属于负债类账户，贷方登记已分配计入有关成本费用项目的职工薪酬的金额，借方登记实际发放职工薪酬的金额；该账户期末贷方余额，反映企业应付未付的职工薪酬。

"应付职工薪酬"账户可按"工资""职工福利""社会保险费""住房公积金""工会经费""职工教育经费""非货币性福利"等设置明细账进行明细分类核算。

企业应当在职工为其提供服务的会计期间，将应付的职工薪酬（包括货币性职工薪酬和非货币性职工薪酬）确认为负债，并根据职工提供服务的受益对象计入相应的成本费用账户。

1. 货币性职工薪酬

①计提货币性职工薪酬时，国家明确规定了计提基础和计提比例的，应当按照国家规定的标准计提，在职工为其提供服务的会计期间，根据工资总额的一定比例计算确定。

国家没有明确规定计提基础和计提比例的，企业应当根据历史经验数据和实际情况，合理预计当期应付职工薪酬。当期实际发生金额大于预计金额的，应当补提应付职工薪酬；当期实际发生金额小于预计金额的，应当冲回多提的应付职工薪酬。

提取应付职工薪酬时，具体分为以下几种情况进行处理：

对由生产部门人员负担的职工薪酬，应借记"生产成本""制造费用"等账户；对由管理部门人员负担的职工薪酬，借记"管理费用"账户；对销售部门人员的职工薪酬，借记"销售费用"账户；对由在建工程、研发支出负担的职工薪酬，借记"在建工程""研发支出"等账户，贷记"应付职工薪酬"账户。

②发放货币性职工薪酬。

第一，支付职工工资、奖金、津贴和补贴。企业按照有关规定向职工支付工资、奖金、津贴等，借记"应付职工薪酬——工资"账户，贷记"银行存款""库存现金"等账户；企业从应付职工薪酬中扣除各种款项（代垫的家属药费、个人所得税等），借记"应付职工薪酬"账户，贷记"银行存款""库存现金""其他应收款""应交税费——应交个人所得税"等账户。

第二，支付职工福利费。企业在向职工食堂、职工医院、生活困难职工等支付职工福利费时，借记"应付职工薪酬——职工福利"账户，贷记"银行存款""库存现金"等账户。

第三，支付工会经费、职工教育经费和缴纳社会保险费、住房公积金。企业支付工会经费和职工教育经费用于工会运作和职工培训，或按照国家有关规定缴纳社会养老保险费或住房公积金时，借记"应付职工薪酬——工会经费（或职工教育经费、社会保险费、住房公积金）"账户，贷记"银行存款""库存现金"等账户。

2. 非货币性职工薪酬

①提取非货币性职工薪酬。企业以其自产品作为非货币性福利发给职工的，将拥有的

房屋等资产无偿提供给职工使用的，将租赁住房等资产供职工无偿使用的，应当根据受益对象，按照该产品的公允价值，计入相关资产成本或当期损益，借记"管理费用""生产成本""制造费用"等账户，同时确认应付职工薪酬，贷记"应付职工薪酬——非货币性福利"账户。难以认定受益对象的非货币性福利，则直接计入当期损益。

②发放非货币性职工薪酬。企业以自产产品作为职工福利发放给职工时，应结转相关成本，借记"主营业务成本"账户，贷记"库存商品"账户。

企业支付租赁住房等资产供职工无偿使用所发生的租金，借记"应付职工薪酬——非货币性福利"账户，贷记"银行存款"等账户。

此外，确认辞退福利、以现金结算的股利时，应借记"管理费用"账户，贷记"应付职工薪酬"账户；支付时，应借记"应付职工薪酬"账户，贷记"银行存款"等账户。

四、应交税费

应交税费是指企业在一定时期内取得收入或实现利润或发生特定经营行为等，按照税法规定应向国家缴纳的各种税金和费用。这些应交的税费按照权责发生制的原则确认，在尚未缴纳之前形成企业的一项负债，即应交税费。企业按照税法规定应向国家缴纳的各种税费，主要包括增值税、消费税、营业税、资源税、所得税、土地增值税、城市维护建设税、房产税、城镇土地使用税、车船税、教育费附加、矿产资源补偿费、印花税、耕地占用税等。

为了核算各种税费的缴纳情况，应当设置"应交税费"账户。该账户属于负债类账户，贷方登记按规定应缴纳的各项税费金额；借方登记实际缴纳的各项税费金额；余额一般在贷方，反映企业尚未交的各种税费金额。若为借方余额，反映企业多交或尚未抵扣的税费金额。该账户可按税费名称设置明细账进行明细分类核算。

企业缴纳的印花税、耕地占用税等不需要预计应交数的税金，不通过"应交税费"账户核算。

（一）应交增值税

增值税是就纳税人生产、销售商品或者提供应税劳务的增值部分征收的一种流转税。增值税的纳税人是指在我国境内销售商品或者提供加工、修理修配劳务以及进口货物的单位和个人。按照纳税人经营规模及会计核算的健全程度，增值税纳税人可以分为一般纳税人和小规模纳税人。应交增值税是指一般纳税人和小规模纳税人销售货物或者提供加工、修理修配劳务活动本期应缴纳的增值税。本项目按销项税额与进项税额之间的差额填写。

应注意的是，如果一般纳税人企业进项税大于销项税，致使应交税金出现负数时，该项一律填零，不填负数。

1. 一般纳税人增值税的账务处理

（1）一般纳税人应交增值税的计算

一般纳税人购入货物或接受应税劳务支付的增值税（进项税额），可以从销售货物或提供劳务按规定收取的增值税（销项税额）中抵扣。在实际工作中，一般纳税人应纳增值税额的计算采取抵扣法，即根据当期销项税额减去当期进项税额之后的余额确定。其计算公式如下：

应纳税额＝当期销项税额－当期进项税额

销项税额是指企业当期销售货物或提供劳务，按照销售额和规定的税率计算并向购买方收取的增值税额。其计算公式为：

销项税额＝销售额×增值税税率

值得注意的是，增值税实行价外税，即该销售额为不含税销售额。若企业销售货物或提供劳务时的销售额为含税销售额，需按公式"销售额＝含税销售额÷（1＋增值税税率）"还原为不含税销售额进行计算。

纳税人购进货物或者接受应税劳务（以下简称购进货物或者应税劳务）支付或者负担的增值税额，为进项税额。下列进项税额准予从销项税额中抵扣：①从销售方取得的增值税专用发票上注明的增值税额。②从海关取得的海关进口增值税专用缴款书上注明的增值税额。③购进农产品，除取得增值税专用发票或者海关进口增值税专用缴款书外，按照农产品收购发票或者销售发票上注明的农产品买价和11%的扣除率计算的进项税额。

（2）应交增值税的核算

为了核算企业应交的增值税，企业应在"应交税费"账户下设置"应交增值税"明细账户。该账户的贷方登记销售货物或提供劳务应缴纳的增值税、出口货物退税、转出应负担及多交增值税等；借方登记购进货物或接受劳务所支付增值税、实际缴纳的增值税、转出未交增值税等；期末借方余额表示尚未抵扣的增值税。"应交税费——应交增值税"账户分别设置"进项税额""已交税金""销项税额""出口退税""进项税额转出"等专栏进行明细核算。

①一般购销业务。企业从国内采购商品或接受应税劳务，根据增值税专用发票上注明的增值税，借记"应交税费——应交增值税（进项税额）"账户，按增值税专用发票上记载的应当计入采购成本或应计入加工、修理修配等物资成本的金额，借记"固定资产""原材料"等账户，按应付或实际支付的金额，贷记"应付账款""银行存款"等账户。

企业销售商品或提供应税劳务，按实现的营业收入和收取的增值税额，借记"应收账款""应收票据""银行存款"等账户，贷记"主营业务收入""应交税费——应交增值税（销项税额）"等账户。

②购进免税农产品。按照规定，对农业生产者销售的自产农产品、古旧图书免征增值税。企业销售免征增值税项目的货物，不能开具增值税专用发票。企业购进免征增值税产品，一般情况下，不能从销项税额中抵扣增值税进项税额。但对于购进的免税农产品、收购废旧物资等，可以按照买价和规定的扣除率（13%）计算进项税额，并准予从企业的销项税额中抵扣。企业购入免税农产品，按照买价和规定的扣除率计算的进项税额，借记"应交税费——应交增值税（进项税额）"账户，按买价减去进项税额后的差额，借记"材料采购""库存商品"等账户，按应付或实际支出的价款，贷记"应付账款""银行存款"等账户。

③进项税额转出。按照规定，当纳税人购进的货物或接受的应税劳务用于非应税项目、免税项目或用于集体福利、个人消费等情况时，其支付的进项税就不能从销项税额中抵扣。实际工作中，经常存在纳税人当期购进的货物或应税劳务事先并未确定将用于生产或非生产经营，但其进项税税额已在当期销项税额中进行了抵扣，当已抵扣进项税税额的购进货物或应税劳务改变用途，用于非应税项目、免税项目、集体福利或个人消费等，购进货物发生非正常损失，在产品和产成品发生非正常损失时，应将购进货物或应税劳务的进项税额从当期发生的进项税税额中扣除，在会计处理中，记入"应交税费——应交增值税（进项税额转出）"账户。

④视同销售。按照规定，将自产或委托加工的货物用于非应税项目；将自产、委托加工或购买货物作为投资，提供给其他单位或个体经营者；将自产、委托加工或购买的货物分配给股东或投资者；将自产或委托加工的货物用于集体福利或个人消费；将自产、委托加工或购买的货物无偿赠送他人等行为视同销售货物，应缴纳增值税。在这些情况下，企业应当借记"在建工程""长期股权投资""营业外支出"等账户，贷记"应交税费——应交增值税（销项税额）"等账户。

⑤缴纳增值税。平时，企业在"应交税费——应交增值税"多栏式明细账中核算增值税业务，月末结出借方、贷方合计和差额。若"应交税费——应交增值税"为借方差额，表示本月尚未抵扣的进项税额，应继续留在该账户借方，不再转出；若为贷方差额，表示本月应交增值税额，通过"应交税费——应交增值税（转出未交增值税）"账户，转入"应交税费——未交增值税"账户的贷方。

企业上交本月的增值税，应借记"应交税费——应交增值税（已交税金）"账户，贷记"银行存款"账户。"应交税费——应交增值税（已交税金）"账户的贷方余额，表示企业应缴纳的增值税。

当月 10 日内上交上月增值税额时，借记"应交税金——未交增值税"账户，贷记"银行存款"账户。

2. 小规模纳税人增值税的账务处理

考虑到小规模纳税人经营规模小，且会计核算不健全，难以按增值税税率计税和使用增值税专用发票抵扣进项税额，因此实行按销售额与征收率计算应纳税额的简易办法。征收率的调整，由国务院决定。

小规模纳税人（除其他个人外）销售自己使用过的固定资产，减按 2% 征收率征收增值税。只能够开具普通发票，不得由税务机关代开增值税专用发票。

小规模纳税人购进货物无论是否取得增值税专用发票，其支付的增值税额均不计入进项税额，不得从销售货物时收取的增值税额中抵扣，而应计入购进货物的成本。相应地，其他企业从小规模纳税人那里购进货物支付的进项税额，若不能取得增值税专用发票，也不能作为进项税额抵扣，而应计入购货成本中。

小规模纳税人核算增值税时，也需设置"应交税费——应交增值税"账户，但不需按具体项目设置专栏。购进货物或接受应税劳务，借记"材料采购""生产成本"等账户，贷记"银行存款""应付账款"等账户；销售商品或提供劳务，借记"应收账款""银行存款"等账户，贷记"主营业务收入""应交税费——应交增值税"等账户。

（二）应交消费税

消费税是对在我国境内从事生产、委托加工和进口应税消费品的单位和个人征收的一种税。国家在普遍征收增值税的基础上，选择部分消费品，再征收消费税，主要是为了调节消费结构，正确引导消费方向，保证国家财政收入。

1. 消费税的计算

消费税按不同应税消费品分别采用从价定率和从量定额两种计算方法。

采取从价定率征收的消费税，以不含增值税的销售额为税基，按照税法规定的税率计算。如果企业的销售收入包含增值税的，应换算为不含增值税的销售额。

采取从量定额征收的消费税，根据税法确定的企业应税消费品的数量和单位应税消费品应缴纳的消费税计算确定。

2. 消费税的核算

为了核算企业缴纳的消费税，应在"应交税费"账户下设置"应交消费税"明细账户进行核算。其贷方登记企业按规定应缴纳的消费税;借方登记企业实际缴纳的消费税;贷方余额反映尚未缴纳的消费税;借方余额反映多交的消费税。

(1)销售应税消费品

企业销售应税消费品应缴纳的消费税,应借记"税金及附加"账户,贷记"应交税费——应交消费税"账户。

(2)委托加工应税消费品

按我国税法规定,企业委托加工的应税消费品,由受托方在向委托方交货时代收代缴税款。受托方按照应交税款金额,借记"应收账款""银行存款"等账户,贷记"应交税费——应交消费税"账户。用于连续生产应税消费品的所纳税款按规定予以抵扣。受托加工或翻新改制金银首饰按照规定由受托方缴纳消费税。

委托方缴纳的消费税的会计处理分两种情况:委托加工物资收回后直接用于销售的,应交的消费税计入委托加工消费品的成本,借记"委托加工物资"等账户,贷记"应付账款""银行存款"账户;委托加工物资收回后,用于连续生产应税消费品的,按规定予以抵扣的,应由受托方对代扣代缴的消费税,借记"应交税费——应交消费税"账户,贷记"应付账款""银行存款"账户。

(三)其他应交税费

1. 应交资源税

资源税是国家对在我国境内开采矿产品或者生产盐的单位和个人征收的一种税。资源税按应税产品的课税数量和规定的单位数额计算,其计算公式为:

$$应纳税额=课税数量×单位税额$$

开采或者生产应税产品出售的,以销售数量为课税数量;开采或者生产应税产品自用的,以自用数量为课税数量。

(1)销售或自产自用应税产品

企业销售应税产品,按规定应缴纳的资源税,借记"税金及附加"账户,贷记"应交税费——应交资源税"账户;企业自产自用应税产品,按规定应缴纳的资源税,借记"生产成本""制造费用"等账户,贷记"应交税费——应交资源税"账户。

(2)收购未税矿产品

收购未税矿产品的单位为资源税的扣缴义务人。企业在收购未税矿产品时,按实际支付的收购款以及代扣代缴的资源税,作为收购矿产品的成本,借记"原材料"等账户,贷记"银行存款""应交税费——应交资源税"等账户。

2. 应交城市维护建设税

城市维护建设税是国家为了加强城市的维护建设，扩大和稳定城市维护建设资金的来源而开征的一种税。企业按规定根据本期应交的增值税、消费税、营业税及相应的征收率计算应交的城市维护建设税，借记"税金及附加"、贷记"应交税费——应交城市维护建设税"账户；实际缴纳时，借记"应交税费——应交城市维护建设税"账户，贷记"银行存款"账户。

该税以纳税人实际应缴纳的消费税、增值税为纳税依据，并按规定税率计算征收，税率为市区 7%，县、镇 5%，市区、县、镇以外 1%，其计算公式为：

$$应纳税额 =（应交增值税+应交消费税）\times 适用税率$$

3. 应交教育费附加

教育费附加是国家为了发展我国的教育事业，提高人民的文化素质而征收的一种费用，按照企业缴纳流转税的一定比例计提，并与流转税一起缴纳。其核算是通过在"应交税费"账户下设置"应交教育费附加"明细账户进行的。企业按规定计算出应交教育费附加，借记"税金及附加"账户，贷记"应交税费——应交教育费附加"账户；实际缴纳时，借记"应交税费——应交教育费附加"账户，贷记"银行存款"账户。

4. 应交土地增值税

土地增值税是为了规范土地、房地产市场交易秩序，合理调节土地增值收入，维护国家权益而征收的一种税。凡转让国有土地使用权、地上建筑物及附着物并取得收入的单位和个人均为土地增值税的纳税义务人。

为了核算土地增值税的发生和缴纳情况，企业应设置"应交税费——应交土地增值税"账户。主营房地产业务的企业，由当期营业收入负担的土地增值税，应借记"税金及附加"账户，贷记"应交税费应交土地增值税"账户；兼营房地产业务的企业，由当期营业收入负担的土地增值税，应借记"其他业务成本"账户，贷记"应交税费——应交土地增值税"账户；转让的国有土地使用权与其地上建筑物及其附着物一并在"固定资产"或"在建工程"账户核算的，转让时应缴纳的土地增值税，借记"固定资产清理""在建工程"账户，贷记"应交税费——应交土地增值税"账户。实际缴纳时，借记"应交税费——应交土地增值税"账户，贷记"银行存款"账户。

5. 应交房产税、城镇土地使用税、车船税和印花税

房产税是国家对在城市、县城、建制镇和工矿区征收的由产权所有人缴纳的一种税。城镇土地使用税是国家为了合理利用城镇土地，调节土地级差收入，提高土地使用效益，加强土地管理而开征的一种税。车船税是由拥有并且使用车船的单位和个人缴纳的一种税。企业按规定计算应交的房产税、城镇土地使用税、车船税，借记"税金及附加"账户，贷记"应交税费——应交房产税、应交城镇土地使用税、应交车船税"账户；实际缴纳时，借记"应交税费应交房产税、应交城镇土地使用税、应交车船税"账户，贷记"银行存款"账户。

6. 应交个人所得税

企业职工按规定应缴纳的个人所得税通常由单位代扣代缴。企业按规定计算应代扣代缴的职工个人所得税，借记"应付职工薪酬"账户，贷记"应交税费——应交个人所得税"账户；实际缴纳个人所得税时，借记"应交税费——应交个人所得税"账户，贷记"银行存款"账户。

7. 应交矿产资源补偿费

矿产资源补偿费是对在我国领域和其他管辖海域开采矿产资源而征收的一种费用。矿产资源补偿费按矿产品销售收入的一定比例计征，由采矿人缴纳。为了核算矿产资源补偿费，企业应在"应交税费"账户下设置"应交矿产资源补偿费"明细账户。企业销售矿产品和对矿产品自行加工的，按规定预提矿产资源补偿费时，借记"税金及附加"账户，贷记"应交税费——应交矿产资源补偿费"账户；企业收购未缴纳矿产资源补偿费矿产品的，按实际支付的收购款和代扣代缴的矿产资源补偿费，借记"材料采购"等账户，贷记"银行存款"账户和该账户；实际缴纳时，借记"应交税费——应交矿产资源补偿费"账户，贷记"银行存款"账户。

五、其他流动负债

（一）应付股利

应付股利是企业实现利润在缴纳所得税后，根据股东大会或类似机构审议批准的利润分配方案确定分配给投资者但尚未支付的那部分利润。企业能否向投资者分配利润，不在于本期盈利多少，而是取决于企业是否拥有和拥有多少可供分配的利润。

为了核算企业分配的现金股利或利润，企业应设置"应付股利"账户。决定向投资者分配利润时，借记"利润分配"账户，贷记"应付股利"账户；支付利润时，借记"应付股利"账户，贷记"银行存款"账户。

此外，需要说明的是，企业董事会或类似机构通过的利润分配方案中拟分配的现金股利或利润，不应确认在负债，但应在附注中披露。企业分配的股票股利不通过"应付股利"账户核算。

（二）应付利息

应付利息是指企业按照合同约定应支付的利息，包括短期借款、分期付息到期还本的长期借款、企业债券等应支付的利息。

为了核算企业应付利息的计提及支付情况，企业应设置"应付利息"账户。按照合同约定计提应支付的利息时，借记"财务费用"账户，贷记"应付利息"账户；实际支付时，借记"应付利息"账户，贷记"银行存款"账户。该账户余额在贷方，表示尚未支付的利息，可按照债权人设置明细账进行明细分类核算。

（三）其他应付款

其他应付款是指企业除应付票据、应付账款、预收账款、应付职工薪酬、应交税费、应付股利等经营活动以外的其他各项应付、暂收的款项，如应付租入包装物租金、存入保证金等。

为了核算企业其他应付款的发生及归还情况，企业应设置"其他应付款"账户，该账户属于负债类账户，借方登记归还或转销款项；贷方登记发生的应付、暂收款项；余额一般在贷方，反映尚未归还或转销的各种应付、暂收款。可按对方单位和个人设置明细账进行明细分类核算。

六、非流动负债

负债一般按其流动性不同划分为流动负债和非流动负债两类。非流动负债是指偿还期在1年或超过1年的一个营业周期以上的债务，包括长期借款、应付债券、长期应付款等。非流动负债应当按照公允价值进行初始计量，采用摊余成本进行后续计量。

（一）长期借款

1. 长期借款概述

长期借款是指企业向银行或其他金融机构借入的期限在1年以上（不含1年）的各种借款，一般用于固定资产的购建、改扩建工程、大修理工程、对外投资以及保持长期经营能力等方面。它是企业长期负债的重要组成部分，必须加强管理与核算。

2. 长期借款的核算

为了总括核算和监督长期借款的借入、应计利息和归还本息的情况，应设置"长期借款"账户。该账户属于负债类账户，贷方登记长期借款本息的增加额，借方登记本息的减少额，余额在贷方，反映企业尚未偿还的长期借款。可按照贷款单位和贷款种类设置明细账，分别"本金""利息调整"等进行明细分类核算。

（1）取得长期借款

企业借入长期借款，应按实际收到的金额，借记"银行存款"账户，贷记"长期借款——本金"账户；如存在差额，还应借记"长期借款——利息调整"账户。

（2）归还长期借款及利息

企业归还长期借款的本金时，应按归还的金额，借记"长期借款——本金"账户，贷记"银行存款"账户；按归还的利息，借记"应付利息"账户（对一次还本付息的长期借款，贷记"长期借款应计利息"账户），贷记"银行存款"账户。

（二）应付债券和长期应付款

债券是企业为筹集长期使用资金而发行的一种书面凭证。应付债券是指企业因为发行债券筹集资金而承担的偿债义务。企业发行的超过 1 年以上的债券，构成企业的一项长期负债，企业通过发行债券取得资金是以将来履行归还购买债券者的本金和利息的义务作为保证的。

长期应付款，是企业除长期借款和应付债券以外的其他各种长期应付款项，包括应付融资租入固定资产的租赁费、具有融资性质的延期付款购买资产发生的应付款项等。

第二节　所有者权益

所有者权益是指企业资产扣除负债后，由所有者享有的剩余权益，在公司制企业里又称为股东权益。

一、所有者权益概述

（一）所有者权益的性质

企业的权益包括所有者权益和债权人权益两部分，两者都是资产的来源，都对资产有要求权。但两者又有明显的区别，主要表现在：

①性质不同。所有者权益是企业的投资者对企业承担的经济责任和对企业净资产享有的权利。从本质上讲，所有者权益是所有者对企业剩余资产的要求权，是一种剩余权益，

即它是对企业资产中满足了债权人的要求权之后的剩余部分的要求权；负债又称债权人权益，是企业对债权人承担的经济责任，即企业对债权人应负担的义务和债权人对企业资产的要求权。在顺序上，所有者权益置于债权人的要求权之后。

②享受的权利不同。所有者参与企业利润分配，还可根据持股比例等情况影响企业的经营和财务决策；而债权人只有获取企业用以清偿债务的资产的要求权，一般不能参加企业的重大决策和利润分配。

③承担的风险不同。所有者获取收益的依据是企业经营业绩及分配政策；而债权人到期收回的本金一般是固定的，所获取的利息通常是按照一定的利率计算、预先可以确定的固定金额，企业不论盈亏必须按期归还债权人本息。

④偿还期限不同。所有者权益中投资者投入的永久性资本在企业持续经营期间，除依法转让外，投资者不得以任何形式收回；而债权人权益，一般都有明确的法律规定及偿还时间，其使用期限是有时间约束的，必须在规定的时间偿还。

（二）所有者权益的分类

所有者权益按来源不同，可以分为所有者投入的资本、直接计入所有者权益的利得和损失以及留存收益，具体包括实收资本（股本）、资本公积、盈余公积和未分配利润等部分。其中，盈余公积和未分配利润统称为留存收益。

所有者权益的来源、内容及相应会计账户的对应关系如表 5-1 所示。

表 5-1　所有者权益的来源、内容及相应会计账户的对应关系

来源	内容	会计账户
所有者投入的资本	实收资本/股本	实收资本/股本
	资本公积	资本公积——资本溢价/股本溢价
直接计入所有者权益的利得和损失	资本公积	资本公积——其他资本公积
留存收益	盈余公积	盈余公积——法定盈余公积/任意盈余公积
	未分配利润	利润分配——未分配利润

二、实收资本

（一）实收资本的概念

实收资本是指所有者按照企业章程或者合同、协议的约定，作为资本投入企业的各种

资产的价值。

在理解实收资本时，应注意三个概念：一是注册资本；二是实收资本；三是投入资本。

注册资本是企业在工商登记机关登记的投资者的出资额。我国设立企业采用注册资本制，投资者按法定注册资本额投资是企业设立的先决条件。根据注册资本制的要求，企业会计核算中的实收资本即为法定资本，应当与注册资本相一致，企业不得擅自改变注册资本数额或抽逃资金。

投入资本是投资者实际投入企业的资本数额，在一般情况下，投资者的投入资本，即构成企业的实际资本，也正好等于其在登记机关的注册资本。但是，在一些特殊情况下，投资者也会出于种种原因超额投入，从而使其投入资本超过企业注册资本，在这种情况下，企业进行会计核算时，不应将投入资本超过注册资本的部分作为实收资本核算，而应单独核算，计入资本公积。

（二）实收资本的核算

1. 实收资本的账户设置

为了核算实收资本的增减变动情况，应设置"实收资本"或"股本"账户。

①"实收资本"账户用来核算股份有限公司以外的企业按照合同、章程的规定收到投资者投入的资本。该账户属于所有者权益类。该账户贷方登记按照投资者出资享有的企业注册资本的份额；借方登记按规定程序减少的注册资本（一般没有借方发生额）；期末余额在贷方，反映企业现有的实收资本。一般来说，"实收资本"账户应当按照投资者设置三栏式明细账。

②股票的面值与股份总数的乘积为股本。对收到的股东投资，股份有限公司设置"股本"账户核算。该账户是核算股份有限公司收到的股东投资，属于所有者权益类。该账户贷方登记股本的增加数（每股面值乘股份总数）；借方登记按规定程序减少的股本；期末余额在贷方，反映公司所拥有的股本总额。应当按照股票种类及股东名称设置明细账。

2. 实收资本的账务处理

投资者投入资本的形式可以有多种，可以用货币资产出资，也可以用实物、知识产权、土地使用权等可以用货币估价并可以依法转让的非货币资产作价出资。企业对投资者投入资本的核算，应根据有关投资证明（如银行存款、投资清单等），分别按不同的投资方式进行相应的会计处理。

（1）接受货币资产投资

企业收到投资者的货币资产（包括现金、银行存款）时，按实际收到的金额，借记"库存现金""银行存款"账户，贷记"实收资本"账户。

股份有限公司可以通过发行股票筹集资本。公司发行股票时，既可以按面值发行，也可以溢价发行（我国目前不允许折价发行股票）。股份有限公司在核定的股本总额及核定的股份总额的范围内发行股票，在实际收到现金资产时，借记"银行存款"账户，按股票面值和核定的股份总额的乘积的计算金额，贷记"股本"账户，按其差额，贷记"资本公积"账户。

（2）接受实物资产投资

企业收到投资者投入的厂房、机器设备、材料、商品等实物资产时，必须进行评估作价，不得高估或低估资产价值。

如收到的是固定资产，应按投资合同或协议约定价值确定固定资产价值，借记"固定资产"账户，按增值税专用发票上注明的增值税额，借记"应交税费——应交增值税（进项税额）"账户，按其在注册资本中所占的份额，贷记"实收资本"账户，按其差额，贷记"资本公积"账户。

如收到的是原材料、库存商品等实物资产，应按投资合同或协议约定的价值确定材料物资的价值，借记"原材料""库存商品"等账户，按增值税专用发票上注明的增值税额，借记"应交税费——应交增值税（进项税额）"账户，按其在注册资本中所占的份额，贷记"实收资本"账户，按其差额，贷记"资本公积"账户。

（3）接受无形资产投资

企业可以接受专利权、土地所有权、非专利技术等无形资产投资。我国公司法规定，对作为出资的工业产权、土地使用权、专有技术，必须进行评估作价。企业收到投入的无形资产时，按投资合同或协议约定的价值，借记"无形资产"账户，按其在注册资本中所占的份额，贷记"实收资本"账户，按其差额，贷记"资本公积"账户。

（4）实收资本减少的核算

公司的实收资本（或股本）在通常情况下不能随意减少。但在公司缩小经营规模、资本过剩或发生重大亏损而短期内又无法弥补等特殊情况下，公司需减少注册资本。公司减少实收资本应按规定在原登记机关申请变更，减资后的注册资本不能低于法定的最低限额。

除股份有限公司以外其他公司的减资。股份有限公司以外其他公司因资本过剩而减资，一般要返还投资款，经公司登记机关批准后，向投资者返还投资款时，借记"实收资本"账户，贷记"银行存款"等账户。

三、资本公积和其他综合收益

（一）资本公积的概念

资本公积是指企业收到的资本金额超出其在注册资本（或股本）中所占份额的部分，以及企业非日常经营活动所形成的直接计入所有者权益的利得和损失。

资本公积属于所有者权益的范畴，其所有权归属于投资者。资本公积包括资本（股本）溢价和直接计入所有者权益的利得和损失等。

（二）资本公积的核算

资本公积的核算内容包括资本溢价、股本溢价、其他资本公积、资本公积转增资本等。此处仅涉及资本溢价、股本溢价及资本公积转增资本的核算。

1. 资本公积的账户设置

企业为了反映资本公积的增减变动情况，应设置"资本公积"账户。

该账户属于所有者权益类账户，用来核算股份有限公司收到的股东投资。其贷方登记因投资者资本溢价（或股本溢价）、其他原因而增加的资本公积金数额、借方登记资本公积的减少数；期末余额在贷方，反映资本公积的结余数。该账户应按资本公积的内容设置明细账，即该账户下分别按"资本溢价""股本溢价""其他资本公积"进行明细分类核算。

2. 资本公积的账务处理

（1）资本溢价的核算

除股份有限公司外的其他类型企业，在企业创立时，投资者认缴的出资额与注册资本一致，一般不会产生资本溢价。但在企业重组或有新的投资者加入时，为了维护原有投资者的权益，新加入投资者的出资额要高于原投资者的出资额，投资者多交的这部分就形成了资本溢价。

（2）股本溢价的核算

股份有限公司溢价发行股票时，作为股本入账的数额只能按面值计算，溢价部分虽属于投入资本，构成所有者权益，但必须作为资本公积单独反映。

（3）资本公积转增资本的核算

经股东大会或类似机构决议，用资本公积转增资本时，应冲减资本公积，同时按照转增前的实收资本（或股本）的结构或比例，将转增的金额记入"实收资本"（或"股本"）账户下各所有者的明细账。

（三）其他综合收益

其他综合收益是指企业按会计准则的规定未在当期损益中确认的各项利得和损失，如采用权益法核算的长期股权投资、以权益结算的股份支付、存货或自用的房地产核算方法的转换、其他债权投资公允价值的变动等所涉及的项目。具体由以下交易或事项引起。

1. 采用权益法核算的长期股权投资

长期股权投资采用权益法核算的，在持股比例不变的情况下，被投资单位除净损益以外所有者权益的其他变动，企业按持股比例计算应享有的份额，计入其他综合收益。处置采用权益法核算的长期股权投资时，还应结转原计入其他综合收益的相关金额，借记或贷记"其他综合收益"账户，贷记或借记"投资收益"账户。

2. 其他债权投资公允价值的变动

其他债权投资公允价值变动的利得或损失，借记或贷记"其他债权投资——公允价值变动"账户，贷记或借记"其他综合收益"账户。

3. 投资性房地产的转换差额

自用房地产（或存货）转换为采用公允价值模式计量的投资性房地产时，转换日的公允价值小于原账面价值的，其差额计入当期损益。转换日的公允价值大于原账面价值的，其差额作为其他综合收益计入所有者权益。

4. 权益结算的股份支付

股份支付是指企业为获取职工和其他方提供服务而授予权益工具或者承担以权益工具为基础确定的负债的交易。企业授予职工期权、认股权证等衍生工具或其他权益工具，对职工进行激励或补偿，以换取职工提供的服务。企业以权益结算的股份支付换取职工或其他方提供服务的，应按照确定的金额计入资本公积。

四、留存收益

（一）留存收益的概念及内容

1. 留存收益的概念

留存收益是指企业从历年实现的利润中提取或形成的留存于企业内部的积累，是企业税后利润减去所分配的股利后留存企业的部分，包括盈余公积和未分配利润两部分。

利润分配是将企业实现的净利润，按照国家规定的分配形式和分配顺序，在国家、企业和投资者之间进行的分配。利润分配的过程与结果，是关系到所有者的合法权益能否得到保护，企业能否长期、稳定发展的重要问题，为此企业必须加强利润分配的管理和核算。

根据我国有关法规的规定，企业当年实现的净利润，一般应当按照以下顺序进行分配。

①弥补公司以前年度亏损。公司的法定公积金不足以弥补以前年度亏损的，在依照规定提取法定公积金之前，应当先按照当年利润弥补亏损。我国公司法规定，亏损企业可以连续5年用税前利润弥补亏损。

②提取法定公积金。公司分配当年税后利润时，应当提取利润的10%（非公司制企业也可按照超过10%的比例提取）列入公司法定公积金。公司法定公积金累计额为公司注册资本的50%以上的，可以不再提取。

③经股东会或者股东大会决议提取任意公积金。公司从税后利润中提取法定公积金后，经股东会或者股东大会决议，还可以从税后利润中提取任意公积金。非公司制企业经权力机构批准，也可提取任意盈余公积金。

④向投资者分配利润或支付股利。公司弥补亏损和提取公积金后的税后利润，有限责任公司股东按照实缴的出资比例分取红利；股份有限公司按照股东持有的股份比例分配，但股份有限公司章程规定不按持股比例分配的除外。

股份有限公司按照利润分配方案首先分配优先股现金股利，其次分配普通股现金股利，最后是分配普通股股票股利。

经过上述利润分配程序，企业剩余的利润就形成了企业未分配利润滚存至下一年度，形成企业不规定用途的留存收益。

2. 留存收益的内容

（1）盈余公积

盈余公积是指企业按规定从税后净利润中提取的积累资金。一般企业和股份有限公司的盈余公积主要包括以下两部分。

①法定盈余公积。法定盈余公积是指企业按规定比例从净利润中提取的公积金。我国公司法规定，法定盈余公积金按照税后净利润的10%提取。

②任意盈余公积。任意盈余公积是指企业经股东大会或类似机构批准，按照规定比例从净利润中提取的公积金。它与法定盈余公积的区别在于其提取比例是由企业自行决定的，而法定盈余公积的提取比例则必须按国家有关法规决定执行。

企业提取的盈余公积主要有以下几个方面的用途。

①弥补亏损。根据我国企业会计制度和有关税法规定，企业发生亏损时可以用缴纳所得税前的利润弥补；超过用税前利润弥补期仍未弥补的亏损，可以用企业实现的净利润弥补。如果企业发生特大亏损，用净利润仍不能弥补的，可以用提取的盈余公积弥补亏损。用盈余公积弥补亏损应当由董事会提议，股东大会或相应的权力机构批准后方可进行。

②转增资本。企业提取的盈余公积累计额达到注册资本的50%时不再提取，可以将提取的盈余公积转增资本，但必须经过股东大会或类似机构批准。在将盈余公积转增资本时，应按投资者的持股比例进行结转。而且用法定盈余公积转增资本时，转增后法定盈余公积的比例不得少于转增前企业注册资本的25%。

③分配股利。经股东大会决议，企业可按规定用盈余公积发放现金股利。

（2）未分配利润

未分配利润是企业留待以后年度进行分配的结存利润，也是企业所有者权益的组成部分。相对于企业所有者权益的其他组成部分而言，企业对未分配利润的使用和分配具有较大的自主权。

从数量上看，未分配利润是期初未分配利润，加上本期实现的净利润，减去本期提取的各种盈余公积和向所有者分配利润后的余额。

未分配利润包括两层含义：一是留待以后年度处理的利润；二是尚未指定用途的利润。

（二）留存收益的核算

1. 留存收益的账户设置

（1）"利润分配"账户

该账户用来核算企业利润的分配（或亏损的弥补）和历年分配（或弥补）后的余额，属于所有者权益类。该账户贷方登记年度终了从"本年利润"账户借方转入的当年度实现的净利润或用盈余公积弥补亏损的数额；借方登记实际的利润分配数额或结转的当年度亏损额；年末余额若在贷方，表示历年结存的未分配利润；年末余额若在借方，表示历年结存的未弥补亏损。该账户应当分别按"提取法定盈余公积""提取任意盈余公积""应付现金股利或利润"和"未分配利润"等设置明细账进行明细分类核算。

（2）"盈余公积"账户

该账户用来核算企业从净利润中提取的盈余公积，属于所有者权益类。该账户贷方登记提取的盈余公积；借方登记盈余公积的支用数；期末余额在贷方，表示企业结存的盈余公积。该账户分别按"法定盈余公积""任意盈余公积"等设置明细账进行明细分类核算。

2. 盈余公积的核算

（1）提取盈余公积

企业按规定提取盈余公积时，借记"利润分配——提取法定盈余公积/提取任意盈余公积"账户，贷记"盈余公积——法定盈余公积/任意盈余公积"账户。

（2）盈余公积弥补亏损

企业发生了亏损可以用以后年度实现的利润弥补，经过股东大会或类似权力机构批准后，也可用提取的法定盈余公积弥补。企业在用盈余公积补亏时，借记"盈余公积——法定盈余公积"账户，贷记"利润分配——盈余公积补亏"账户。

（3）盈余公积转增资本

企业经过股东大会或类似权力机构批准后，可用盈余公积转增资本，按投资者持有的比例进行，借记"盈余公积法定盈余公积"账户，贷记"实收资本（或股本）"账户。

3. 未分配利润的核算

未分配利润是在"利润分配"账户下设置"未分配利润"明细账户进行核算的。年度终了，企业应将全年实现的净利润，由"本年利润"账户转入"利润分配——未分配利润"账户，并将"利润分配"账户下的其他有关明细账户的余额，转入"未分配利润"明细账户。结转后，除"未分配利润"明细账户有余额外，其他明细账户均无余额。

结转后，"利润分配——未分配利润"明细账户如有贷方余额，表示累计未分配的利润数额；如有借方余额，则表示累计未弥补亏损的数额。

第六章　收入与成本费用

第一节　收入

一、收入的定义及特征

（一）收入的定义

收入是指企业在日常活动中形成的、会导致所有者权益增加的、与所有者投入资本无关的经济利益的总流入。收入按企业从事日常活动的性质不同，分为销售商品收入、提供劳务收入和让渡资产使用权收入。收入按企业经营业务的主次不同，分为主营业务收入和其他业务收入。主营业务收入是指企业为完成其经营目标所从事的经常性活动所实现的收入。其他业务收入是指企业为完成其经营目标所从事的与经常性活动相关的活动实现的收入。

（二）收入的特征

1. 收入是企业日常活动形成的经济利益流入

企业的有些活动属于为完成其经营目标所从事的经常性活动，如工业企业制造并销售产品、商业企业购进和销售商品、租赁企业出租资产、商业银行对外贷款、保险公司签发保单、咨询公司提供咨询服务、软件企业为客户开发软件、安装公司提供安装服务、广告商提供广告策划服务等，由此产生的经济利益的总流入构成收入；企业还有一些活动属于与经常性活动相关的其他活动，如工业企业出售闲置不用的原材料、转让无形资产使用权、利用闲置资金对外投资等，由此产生的经济利益的总流入也构成收入。

除了日常活动以外，企业的有些活动不是为完成其经营目标所从事的经常性活动，也不属于与经常性活动相关的其他活动，如企业处置固定资产、无形资产等活动，由此产生的经济利益的总流入不构成收入，应当确认为营业外收入。

2. 收入必然导致所有者权益的增加

收入无论表现为资产的增加还是负债的减少，根据"资产＝负债+所有者权益"的会计恒等式，最终必然导致所有者权益的增加。不符合这一特征的经济利益流入，不属于企业的收入。例如，企业代税务机关收取的税款，旅行社代客户购买门票、飞机票等收取的票款等，性质上属于代收款项，应作为暂收应付款记入相关的负债类科目，而不能作为收入处理。

3. 收入不包括所有者向企业投入资本导致的经济利益流入

收入只包括企业通过自身活动获得的经济利益流入，而不包括企业的所有者向企业投入资本导致的经济利益流入。所有者向企业投入的资本，在增加资产的同时，直接增加所有者权益，不能作为企业的收入。

二、收入确认和计量的五步法

收入的确认和计量大致分为五步：第一步，识别与客户订立的合同；第二步，识别合同中的单项履约义务；第三步，确定交易价格；第四步，将交易价格分摊至各单项履约义务；第五步，履行各单项履约义务时确认收入。其中，第一步、第二步和第五步主要与收入的确认有关，第三步和第四步主要与收入的计量有关。

（一）识别与客户订立的合同

在实务中，收入的确认主要包括两个阶段：识别与客户订立的合同、识别合同中的单项履约义务。

1. 相关概念

客户是指与企业订立合同以向该企业购买其日常活动产出的商品或服务（以下简称"商品"）并支付对价的一方。合同是指双方或多方之间订立有法律约束力的权利义务的协议。合同有书面形式、口头形式以及其他形式。例如，租赁是在一定的期间内让渡控制特定资产使用的权利以获取对价的合同。

2. 收入确认原则

企业应当在履行了合同中的履约义务，即在客户取得相关商品控制权时，确认收入。取得相关商品控制权，是指能够主导该商品的使用并从中获得几乎全部的经济利益。控制的三要素为能力、主导使用、获得利益。

在判断客户是否已取得商品控制权时，企业应当考虑下列迹象：①企业就该商品享有现时收款权利，即客户就该商品负有现时付款义务；②企业已将该商品的法定所有权转移给客户，即客户已拥有该商品的法定所有权；③企业已将该商品实物转移给客户，即客户以实物占有该商品；④企业已将该商品所有权上的主要风险和报酬转移给客户，即客户已取得该商品所有权上的主要风险和报酬；⑤客户已接受该商品；⑥其他表明客户已取得商品控制权的迹象。

3. 收入确认的条件

当企业与客户之间的合同同时满足下列条件时，企业应当在客户取得相关商品控制权时确认收入：①合同各方已批准该合同并承诺将履行各自义务；②该合同明确了合同各方与所转让商品或提供劳务（以下简称"转让商品"）相关的权利和义务；③该合同有明确的与所转让商品相关的支付条款；④该合同具有商业实质，即履行该合同将改变企业未来现金流量的风险、时间分布或金额；⑤企业因向客户转让商品而有权取得的对价很可能收回。

在合同开始日即满足前款条件的合同，企业在后续期间无须对其进行重新评估，除非有迹象表明相关事实和情况发生重大变化。合同开始日通常是指合同生效日。在合同开始日不符合本准则规定的合同，企业应当对其进行持续评估。企业只有在不再负有向客户转让商品的剩余义务，且已向客户收取的对价无须退回时，才能将已收取的对价确认为收入；否则，应当将已收取的对价作为负债进行会计处理。

（二）识别合同中的单项履约义务

1. 履约义务

履约义务，是指合同中企业向客户转让可明确区分商品的承诺。定义履约义务的意义在于企业应能够适当地识别合同所承诺的商品或服务的计量单元，如实反映企业向客户转让已承诺商品或服务的基础上确认收入。

履约义务既包括合同中明确的承诺，也包括由于企业已公开宣布的政策、特定声明或以往的习惯做法等导致合同订立时客户合理预期企业将履行的承诺。

单独进行收入确认、计量的商品和服务，至少应当是可明确区分的，这是新收入准则的重大修订之一，它弥补了在合同存在多项履约义务时原准则"主要风险报酬是否转移"在界定上过于主观的缺陷。

2. 可单独区分商品的界定

企业向客户承诺的商品同时满足下列条件的应当作为可明确区分的商品：

①企业向客户转让该商品的承诺与合同中其他承诺可单独区分。

②客户能够从该商品本身或从该商品与其他易于获得资源一起使用中受益。例如，汽车销售加保养、电梯销售加安装、软件销售加维护、捆绑销售。

下列情形通常表明企业向客户转让该商品的承诺与合同中其他承诺不可单独区分。

①企业需提供重大的服务以将该商品与合同中承诺的其他商品整合成合同约定的组合产出转让给客户。

②该商品将对合同中承诺的其他商品予以重大修改或定制。

③该商品与合同中承诺的其他商品具有高度关联性。

企业向客户转让一系列实质相同且转让模式相同的、可明确区分商品的承诺，也应当作为单项履约义务。转让模式相同，是指每一项可明确区分商品均满足在某一时段内履行履约义务的条件，且采用相同方法确定其履约进度。比如，甲建筑公司同某医院签订一项合同，建造住院部大楼、花园、活动室项目，每个项目均有明确的单独售价及相关履约条款规定，且双方约定该三个项目均采用以实际发生成本占预算总成本的比例确定履约进度，并按每季度履约进度支付对应款项的90%，预留10%的质保金，待工程完工验收后1年内支付。

3. 时点义务与时段义务

合同开始日，企业应当识别合同中所包含的各单项履约义务，并确定各单项履约义务是在某一时段内履行，还是在某一时点履行，然后，在履行了各单项履约义务时分别确认收入。

完成了合同的识别及履约义务的识别之后，下一步就要确定各单项履约义务是在某一时段内履行，还是在某一时点履行，然后，在履行了各单项履约义务时分别确认收入（五步法中的第五步）。满足下列条件之一的，属于在某一时段内履行履约义务；否则，属于在某一时点履行履约义务。

①客户在企业履约的同时即取得并消耗企业履约所带来的经济利益。

②客户能够控制企业履约过程中在建的商品。

③企业履约过程中所产出的商品具有不可替代用途，且该企业在整个合同期间内有权就累计至今已完成的履约部分收取款项。

授课、咨询、运输、建筑、设备定制等业务中均存在单项履约义务的识别问题，如财税咨询服务，企业在向客户提供咨询的同时，客户即可以取得并消耗企业履约所带来的经济利益；建筑工程公司承接高速路的修建，在建筑工程公司动工修建时，客户已能够控制在建的高速路；某航空技术公司同政府签订一项建造专用卫星的合同，双方就合同履约进度按技术要求有明确的约定，并按每月进度支付款项。该合同的商品"专用卫星"具有不可替代用途，同时根据合同约定航空技术公司有权就累计至今已完成的履约部分收取款项。

（三） 确定交易价格

交易价格，是指企业因向客户转让商品而预期有权收取的对价金额。企业代第三方收取的款项以及企业预期将退还给客户的款项，应当作为负债进行会计处理，不计入交易价格。

合同一般都有明确的固定金额交易价格。但是，当对价金额是可变对价时、合同具有重大融资成分时、合同存在应付客户对价时、合同存在非现金对价时，交易价格的确定并不容易。

在划分为各单项履约义务后，企业应当按照分摊至各单项履约义务的交易价格计量收入。企业应当根据合同条款，并结合其以往的习惯做法确定交易价格。在确定交易价格时，企业应当考虑以下因素的影响。

1. 可变对价

可变对价是指对价金额可能因折扣、退款、返利、积分、价格折让、绩效奖金、罚款而改变，如果企业获取对价的权利以某一未来事件的发生或不发生为条件，已承诺的对价也可能改变。例如，附带退货权的产品销售、提前完工将收取的固定金额业绩奖金。

根据事实与情况的不同，企业应当以期望值或最可能发生金额来估计可变对价的最佳估计数，但包含可变对价的交易价格，应当不超过在相关不确定性消除时累计已确认收入极可能不会发生重大转回的金额。企业在评估累计已确认收入是否极可能不会发生重大转回时，应当同时考虑收入转回的可能性及其比重。每一个资产负债表日，企业应当重新估计应计入交易价格的可变对价金额。

2. 合同中存在重大融资成分

当企业将商品的控制权转移给客户的时间与客户实际付款的时间不一致时，如企业以赊销的方式销售商品，或者要求客户支付预付款等，如果各方以在合同中明确（或者以隐含的方式）约定的付款时间为客户或企业就转让商品的交易提供了重大融资利益，则合同中即包含了重大融资成分。合同中存在重大融资成分的，企业应当按照假定客户在取得商品控制权时，即以现金支付的应付金额（现销价格）确定交易价格。

3. 非现金对价

当企业因转让商品而有权向客户收取的对价是非现金形式时，如实物资产、无形资产、股权、客户提供的广告服务等，企业通常应当按照非现金对价在合同开始日的公允价值确定交易价格。非现金对价公允价值不能合理估计的，企业应当参照其承诺向客户转让商品的单独售价间接确定交易价格。

4. 应付客户对价

企业在向客户转让商品的同时，需要向客户或第三方支付对价的，除为了自客户取得其他可明确区分商品的款项外，应当将该应付对价冲减交易价格，并在确认相关收入与支付（或承诺支付）客户对价二者孰晚的时点冲减当期收入。这里的应付客户对价还包括可以抵减应付企业金额的相关项目金额，如优惠券、兑换券等。

（四）将交易价格分摊至各单项履约义务

合同中包含两项或多项履约义务的，企业应当在合同开始日，按照各单项履约义务所承诺商品的单独售价的相对比例，将交易价格分摊至各单项履约义务。单独售价，是指企业向客户单独销售商品的价格。企业在类似环境下向类似客户单独销售某商品的价格，应作为该商品的单独售价。单独售价无法直接观察的，企业应当综合考虑其能够合理取得的全部相关信息，采用市场调整法、成本加成法、余值法等方法合理估计单独售价。企业在估计单独售价时，应当最大限度地采用可观察的输入值，并对类似情况采用一致的估计方法。

（五）履行各单项履约义务时确认收入

对在某一时段内履行的单项履约义务，企业应当在该段时间内按照履约进度确认收入；对在某一时点履行的单项履约义务，企业应当在客户取得相关商品控制权时点确认收入。这一步在实务操作中通常融合在识别合同中的单项履约义务之后进行。

三、销售商品的一般会计处理

企业发生的一般销售商品业务，在客户取得相关商品控制权时，应按已收或应收的合同或协议价款确认销售收入，同时或在资产负债表日，按已销商品的账面价值结转销售成本。企业销售商品应缴纳的消费税、资源税、城市维护建设税、教育费附加等相关税费，应在销售商品的同时或在资产负债表日，按相关税费的金额，计入税金及附加。

企业确认销售商品收入时，按已收或应收的合同或协议价款和应收取的增值税销项税额，借记"银行存款""应收账款""应收票据"等科目，按确定的收入金额，贷记"主营业务收入""其他业务收入"等科目，按应收取的增值税销项税额，贷记"应交税费——应交增值税（销项税额）"科目；同时或在资产负债表日，按已销商品的账面价值，借记"主营业务成本""其他业务成本"等科目，贷记"库存商品""原材料"等科目；应缴纳的相关税费，在销售商品的同时或在资产负债表日，借记"税金及附加"科目，贷记"应交税费——应交消费税（或应交资源税、应交城市维护建设税、应交教育费附加等）"科目。

如果企业在销售商品时尚未取得相关商品的控制权，则不应确认销售商品收入，已经发出的商品，应当通过"发出商品"科目核算，对发出的委托代销商品，也可以单独设置"委托代销商品"科目核算。资产负债表日，"发出商品""委托代销商品"等科目的余额，应在资产负债表的"存货"项目中反映。

企业在日常活动中还可能发生对外销售闲置不用的原材料、随同商品对外销售单独计价的包装物等业务。企业销售原材料、包装物等存货也视同商品销售，其收入确认和计量原则比照商品销售，作为其他业务收入处理，结转的相关成本作为其他业务成本处理。

"其他业务成本"科目核算除主营业务活动以外的其他经营活动所产生的成本，包括销售材料的成本、出租固定资产的折旧额、出租无形资产的摊销额、出租包装物的成本或推销额。该科目借方登记企业结转或发生的其他业务成本；贷方登记期末转入"本年利润"科目的其他业务成本；结转后该科目应无余额。

四、合同成本

合同成本是指为执行某项建造合同而发生的相关费用，包括从合同签订开始至合同完成时所发生的、与执行合同有关的直接费用和间接费用。

（一）合同履约成本

合同履约成本是企业为履行合同可能会发生的各种成本，企业在确认收入的同时应当对这些成本进行分析，属于存货、固定资产、无形资产等规范范围的应当按照相关准则要求进行会计处理；不属于其他规范范围且同时满足下列条件的，应当作为合同履约成本确认为一项资产。

①该成本与一份当前或预期取得的合同直接相关。与合同直接相关的成本包括直接人工（如支付给直接为客户提供所承诺服务的人员的工资、奖金等）；直接材料（如为履行合同耗用的原材料、辅助材料、配件、零件、半成品的成本和周转材料的摊销及租赁费用等）；制造费用或类似费用（如与组织和管理生产、施工、服务等活动发生的费用，包括管理人员的职工薪酬、劳动保护费、固定资产折旧费及修理费、物料消耗、取暖费、水电费、办公费、差旅费、财产保险费、工程保修费、排污费、临时设施摊销费等）；明确由

客户承担的成本以及仅因该合同而发生的其他成本（如支付给分包商的成本、机械使用费、设计和技术援助费用、施工现场二次搬运费、生产工具和用具使用费、检验试验费、工程定位复测费、工程点交费用、场地清理费等）。

②该成本增加了企业未来用于履行（或持续履行）履约义务的资源。

③该成本预期能够收回。对广大第三产业企业（商业企业除外），其履约一般不形成商品存货，为履行合同发生的成本应通过"合同履约成本"科目核算。借记"合同履约成本"科目，贷记"原材料""应付职工薪酬""银行存款"等科目；同时，借记"主营业务成本"科目，贷记"合同履约成本"科目。

企业应当在下列支出发生时，将其计入当期损益：管理费用，除非这些费用明确由客户承担；非正常消耗的直接材料、直接人工和制造费用（或类似费用），这些支出为履行合同发生，但未反映在合同价格中；与履约义务中已履行（包括已全部履行或部分履行）部分相关的支出，即该支出与企业过去的履约活动相关；无法在尚未履行的与已履行（或已部分履行）的履约义务之间区分的相关支出。

实务中核算合同履约成本时，设置"合同履约成本"科目进行核算；报表列示为"存货"项目。"合同履约成本"科目的明细科目中初始确认时摊销期限不超过一年或一个正常营业周期的期末余额合计，减去"合同履约成本减值准备"科目中相应的期末余额后的金额填列在"存货"项目。

（二）合同取得成本

合同取得成本是企业为取得合同时发生的增量成本，预期能够收回的，应当作为合同取得成本确认为一项资产。增量成本，是指企业不取得合同就不会发生的成本，如销售佣金等。该资产摊销期限不超过一年的，可以在发生时计入当期损益。企业为取得合同发生的、除预期能够收回的增量成本之外的其他支出，如无论是否取得合同均会发生的差旅费、投标费、为准备投标资料发生的相关费用等，应当在发生时计入当期损益，除非这些支出明确由客户承担。

需要注意的是，企业因现有合同续约或发生合同变更需要支付的额外佣金，也属于为取得合同发生的增量成本。

实务中核算合同取得成本时，一般设置"合同取得成本"科目进行核算；"合同取得成本"科目和"合同履约成本"科目的明细科目中初始确认时摊销期限在一年或一个正常营业周期以上的期末余额，减去"合同取得成本减值准备"科目和"合同履约成本减值准备"科目中相应的期末余额填列在"其他非流动资产"项目。合同取得成本，摊销期限不超过一年的，在发生时计入当期损益。

（三）与合同履约成本和合同取得成本有关的资产的摊销和减值

1. 摊销

对确认为资产的合同履约成本和合同取得成本，企业应当采用与该资产相关的商品收入确认相同的基础（在履约义务履行的时点或按照履约义务的履约进度）进行摊销，计入当期损益。

2. 减值

合同履约成本和合同取得成本的账面价值高于下列两项的差额的，超出部分应当计提减值准备，并确认为资产减值损失：①企业因转让与该资产相关的商品预期能够取得的剩余对价；②为转让该相关商品估计将要发生的成本。①-②=合同履约成本和合同取得成本的公允处置净额。会计分录为借记"资产减值损失"科目，贷记"合同履约成本减值准备""合同取得成本减值准备"科目。

五、提供劳务收入业务

企业提供劳务的种类有很多，如旅游、运输、饮食、广告、咨询、代理、培训、产品安装等。有的劳务一次就能完成，且一般为现金交易，如饮食、理发、照相等；有的劳务需要花费较长一段时间才能完成，如安装、旅游、培训、远洋运输等。企业提供劳务收入的确认原则因劳务完成时间的不同而不同。

（一）在同一会计期间内开始并完成的劳务

对一次就能完成的劳务，或在同一会计期间内开始并完成的劳务，应在提供劳务交易完成时确认收入，确认的金额通常为从接受劳务方已收或应收的合同或协议价款，确认原则可参照销售商品收入的确认原则。

企业对外提供劳务，如属于企业的主营业务，所实现的收入应作为主营业务收入处理，结转的相关成本应作为主营业务成本处理；如属于主营业务以外的其他经营活动，所实现的收入应作为其他业务收入处理，结转的相关成本应作为其他业务成本处理。企业对外提供劳务发生的支出一般先通过"合同履约成本"科目予以归集，待确认为费用时，再由"合同履约成本"科目转入"主营业务成本"或"其他业务成本"科目。

对一次就能完成的劳务，企业应在提供劳务完成时确认收入及相关成本。对持续一段时间但在同一会计期间内开始并完成的劳务，企业应在为提供劳务发生相关支出时确认劳务成本，劳务完成时再确认劳务收入，并结转相关劳务成本。

（二）劳务的开始和完成分属不同的会计期间

1. 提供劳务交易结果能够可靠估计

如果劳务的开始和完成分属不同的会计期间，且企业在资产负债表日提供劳务交易的结果能够可靠估计的，应采用完工百分比法确认提供劳务收入。

完工百分比法，是指按照提供劳务交易的完工进度确认收入和费用的方法。在这种方法下，确认的提供劳务收入金额能够提供各个会计期间关于提供劳务交易及其业绩的有用信息。

企业应当在资产负债表日按照提供劳务收入总额乘以完工进度扣除以前会计期间累计已确认劳务收入后的金额，确认当期劳务收入；同时，按照提供劳务估计总成本乘以完工进度扣除以前会计期间累计已确认劳务成本后的金额，结转当期劳务成本。用公式表示如下：

$$本期确认的劳务收入 = 劳务总收入 \times 截至本期末劳务的完工进度 -$$
$$以前期间累计已确认的劳务收入$$
$$本期确认的劳务成本 = 劳务总成本 \times 截至本期末劳务的完工进度 -$$
$$以前期间累计已确认的劳务成本$$

企业采用完工百分比法确认提供劳务收入时，应按计算确定的提供劳务收入金额确认收入，同时结转劳务成本。

2. 提供劳务交易结果不能可靠估计

如劳务的开始和完成分属不同的会计期间，且企业在资产负债表日提供劳务交易结果不能可靠估计的，企业不能采用完工百分比法确认提供劳务收入。在此种情况下，企业应正确预计已经发生的劳务成本能否得到补偿，根据不同的情况进行不同的会计处理：

①已经发生的劳务成本预计全部能够得到补偿的，应按已经发生的预计能够得到补偿的劳务成本金额确认提供劳务收入，并按相同金额结转已经发生的劳务成本。

②已经发生的劳务成本预计只能部分得到补偿的，应按能够得到补偿的劳务成本金额确认收入，并结转已经发生的劳务成本。

③已经发生的劳务成本预计全部不能得到补偿的，应将已经发生的劳务成本总额计入当期损益，不确认劳务收入。

第二节 成本费用

一、费用与成本费用

（一）费用的含义与特征

企业在生产经营过程中，必须发生各种耗费，包括原材料等劳动对象的耗费、机器设备等劳动手段的耗费，以及人工等劳动力的耗费。费用是指企业在日常生活中发生的、会导致所有者权益减少的、与向所有者分配利润无关的经济利益的总流出。费用有广义和狭义两种解释。广义认为，费用包括企业各种费用和损失。狭义认为，费用只包括为获得营业收入提供商品或劳务而发生的耗费，即仅仅指与商品或劳务的提供相联系的耗费，并非所有的耗费都表现为费用，如企业的投资支出、利润分配等。费用具有以下特征。

①费用是企业在日常生活中发生的经济利益的总流出。日常活动是指企业为完成其经营目标所从事的经常性活动以及与之相关的其他活动。工业企业制造并销售产品、商业企业购买并销售产品、咨询公司提供咨询服务、软件开发企业为客户开发软件、安装公司提供安装服务、租赁公司出租资产活动中发生的经济利益的总流出构成的费用。工业企业对外出售不需要用的原材料结转的材料成本等，也构成费用。

费用形成于企业日常活动的特征使其与产生于非日常活动的损失相区分。企业从事或发生的某些活动也能导致经济利益流出企业但不属于企业的日常活动。例如，企业处置固定资产、无形资产等非流动资产，因违约支付罚款、对外捐赠、因自然灾害等非常原因造成财产毁损等，这些活动或事项形成的经济利益的总流出属于企业的损失而不是费用。

②费用会导致企业所有者权益减少。费用既可能表现为资产的减少，如减少银行存款、库存现金等；也可能表现为负债的增加，如增加应付职工薪酬、应交税费（应交营业税、消费税等）等。根据"资产-负债=所有者权益"这一会计等式，费用一定会导致企业所有者权益的减少。

企业经营管理中的某些支出并不减少企业的所有者权益，也就不构成费用。例如企业以银行存款偿还一项负债，只是一项资产和一项负债的等额减少，对所有者权益没有影响，因此，不构成企业的费用。

③费用与向所有者分配利润无关。向所有者分配利润或股利属于企业利润分配的内

容，不构成企业的费用。

④费用和产品成本不是同一概念。费用中的产品生产费用是构成产品的基础，费用是按时间归集的，而产品成本是按产品对象归集的。

（二）成本费用的定义与意义

1. 成本费用的定义

所谓成本费用特指企业在日常经营发展过程中所消耗的资金，企业成本和企业费用是成本费用的主要内容。企业成本特指企业在生产发展中产生的资金消耗，比如人员薪酬、水电煤气以及生产需要的物料成本等，企业费用包含管理以及财务等费用。

2. 企业成本费用管理的意义

第一，为企业带来更多的利润。降低企业成本，为企业带来更多的利润是企业成本费用管理的目的。企业成本费用管理在企业的生产经营活动中应用，可以详细规划企业生产经营活动涉及的成本，以此保障企业在运营发展基础上降低经营成本。同时，企业参照现有的发展战略，结合企业的发展目标，制定企业的成本费用管理方法。对企业来说，成本费用管理越高效，越能将其监督和管理作用发挥出来，引导部门人员积极工作，在遵守企业管理制度的基础上落实工作职责，推进企业的稳定发展。

第二，对企业资金加以优化配置，提升企业的综合实力。企业在开展业务的过程中，成本费用管理工作不完善，会导致企业在各环节出现资金浪费现象，给企业带来损失。做好成本费用管理可以在源头上避免上述情况的发生，也能为企业节约成本，从而将这笔资金应用在科研、销售等方面，以此提升企业的综合实力。

第三，帮助企业识别风险，提高企业发展以及抗风险的能力。企业在经营发展中会面临较多的风险，基于企业内部风险因素角度来分析，企业在发展中会面临资金管理不透明、次品生产率较高的风险。上述风险会影响企业的发展，也会降低企业的生产效益。基于企业外部风险因素角度来分析，企业在日常经营发展中会面临信用风险、金融风险以及政策风险。企业要针对性地分析和收集风险信息，结合实际发展情况制定风险预案。

二、营业成本

营业成本是指企业为生产产品、提供劳务等发生的可归属于产品成本、劳务成本等的费用，应当在确认销售商品收入、提供劳务收入等时，将已销售商品、已提供劳务的成本等计入当期损益。营业成本包括主营业务成本和其他业务成本。

（一）主营业务成本

主营业务成本是指企业销售商品、提供劳务等经常性活动所发生的成本。企业一般在确认销售商品、提供劳务等主营业务收入时，或在月末，将已销售商品、已提供劳务的成本转入主营业务成本。

企业应当设置"主营业务成本"科目，按主营业务的种类进行明细核算，用于核算企业因销售商品、提供劳务或者让渡资产使用权等日常活动而发生的实际成本，借记"主营业务成本"科目，贷记"库存商品""劳务成本"等科目。期末，将主营业务成本的余额转入"本年利润"科目，借记"本年利润"，贷记"主营业务成本"，结转后该科目无余额。

（二）其他业务成本

其他业务成本是指企业确认的除主营业务活动以外的其他经营活动所发生的支出。其他业务成本包括销售材料的成本、出租固定资产的折旧额、出租无形资产的摊销额、出租包装物的成本或者摊销额等，采用成本模式计量投资性房地产的，其投资性房地产计提的折旧额或摊销额也构成其他业务成本。

企业应当设置"其他业务成本"科目，核算企业确认的除主营业务活动以外的其他经营活动所发生的支出，包括销售材料的成本、出租固定资产的折旧额、出租无形资产的摊销额、出租包装物的成本或摊销额等。企业发生的其他业务成本，借记"其他业务成本"，贷记"原材料""周转材料""累计折旧""累计摊销""应付职工薪酬""银行存款"等科目。本科目按其他业务成本的种类进行明细核算。期末，本科目余额转入"本年利润"科目，结转后本科目无余额。

三、期间费用

（一）期间费用的概念

期间费用是指企业日常活动发生的不能计入特定核算对象的成本，而应计入发生当期损益的费用。

期间费用是企业日常活动中所发生的经济利益的流出。它是随着时间的推移而发生的，与当期产品的管理和产品销售直接相关，而与产品的产量、产品的制造过程无直接关系，即容易确定其发生的期间，但难以判别其所应归属的产品，因而不能列入产品制造成本，而在发生的当期直接计入当期损益。

（二）期间费用的内容

期间费用包括销售费用、管理费用和财务费用。

1. 销售费用

销售费用是指企业销售商品和材料、提供劳务过程中发生的各项费用。具体包括以下内容。

①企业在销售商品过程中发生的包装费、保险费、展览费和广告费、商品维修费、预计产品质量保证损失、运输费、装卸费等费用。

②企业发生的为销售本企业商品而专设的销售机构的职工薪酬、业务费、折旧费、固定资产修理费等费用。

③售后服务费。包括提供售后服务中所发生的运输费、保险费、特约维修点经费等。

2. 管理费用

管理费用是指企业为组织和管理生产经营活动而发生的各种管理费用。具体包括以下内容。

①企业在筹建期间发生的开办费。

②董事会和执行管理部门在企业的经营管理中发生的或者应由企业统一负担的公司经费（包括行政管理部门职工薪酬、物料消耗、低值易耗品摊销、办公费和差旅费）。

③工会经费，是指按工资总额的一定比例提交的工会经费。

④董事会费，是指企业最高权力机构及其成员为执行职能而发生的各项费用，包括董事会成员津贴、会议费和差旅费等。

⑤聘请中介机构费。

⑥咨询费（含顾问费），是指企业向咨询机构进行科技、经营咨询支付的费用。

⑦诉讼费，是指企业因起诉或应诉而发生的各项费用。

⑧审计费用，是指查账验资及资产评估等而发生的费用。

⑨业务招待费，是指企业为业务经营的合理需要而支付的交际应酬费。

⑩技术转让费，是指使用他人的专利技术而支付的费用。

⑪研究开发费用，是指企业研究开发新产品、新技术、新工艺而发生的新产品设计费、工艺规程制定费、设备调试费、原材料和新产品的试验费、技术图书资料费、研究人员的工资与新产品试制、技术研究有关的其他经费等。

⑫排污费，是指企业按规定缴纳的排污费用。

⑬坏账损失，是指企业逾期不能收回的应收款项。

⑭矿产资源补偿费以及未包括在以上项目内的其他管理费用。

3. 财务费用

财务费用是指企业为筹集生产经营所需资金等而发生的筹资费用。具体包括以下内容。

①利息支出（减利息收入），是指企业的短期借款、经营期间的长期借款及应付债券、带息应付票据及应收票据贴现等的利息支出减去银行存款、带息应收票据等的利息收入后的差额。

②汇兑损益，是指汇兑损失减去汇兑收益的差额。

③金融机构的手续费，是指企业与金融机构以银行汇票、商业汇票、汇兑、委托收款等结算方式结算款项以及委托银行或其他金融机构代理发行债券时所支付的手续费、印刷费等有关费用。但企业筹建期间发生的筹资费用以及在固定资产购建期间为购建固定资产发生的筹资费用，不列入财务费用。

④企业发生的现金折扣或收到的现金折扣等。

（三）期间费用的核算

1. 销售费用的核算

为了总括反映销售费用的发生和结转情况，企业应设置"销售费用"科目，该科目核算企业销售商品和材料、提供劳务过程中发生的各种费用，借方登记发生的各项销售费用，贷方登记期末转入"本年利润"科目的销售费用，结转后本科目无余额。本科目应按销售费用的费用项目进行明细核算。

2. 管理费用的核算

为了总括反映管理费用的发生和结转情况，企业应设置"管理费用"科目，用于核算企业为组织管理生产经营所发生的各种费用，借方登记发生的各项管理费用，贷方登记期末结转入"本年利润"科目的管理费用，结转后本科目无余额。本科目应按管理费用的费用项目进行明细核算。

3. 财务费用的核算

为了总括反映财务费用的发生和结转情况，企业应设置"财务费用"科目，用于核算企业为筹集生产经营资金而发生的各种费用，借方登记发生的各项财务费用，贷方登记期末结转入"本年利润"科目的财务费用，结转后本科目无余额。本科目应按财务费用的费用项目进行明细核算。

第七章　会计报表与会计调整

第一节　会计报表

一、资产负债表

（一）资产负债表的性质与作用

资产负债表是总括反映企业在某一特定日期财务状况的静态会计报表。所谓财务状况，是指一个企业的资产、负债与所有者权益的存在状态及其相互关系。因此，资产负债表也称为"财务状况表"。

资产负债表是企业主要会计报表之一。通过对资产负债表提供的资料进行分析，可以了解以下情况。

①企业现行全部经济资源的分布形态和构成情况；

②企业所负担的债务和偿还时间，以及企业的短期和长期偿债能力；

③投资者在企业所持有的权益及其构成情况；

④通过前后期资产负债表的分析，还可以了解企业资金结构的变化情况和企业未来财务状况的变动趋势。

资产负债表存在一定的局限性。资产负债表中大部分项目都是以历史成本列示的，资产与负债以历史成本为基础计价，所有者权益也以原始投资的历史成本为依据，因而资产负债表不能反映现时价值。随着经济环境的变化，现时价值与原始成本必然会产生一定的差异。由于信息使用者的决策多以现时价值做出，当两者严重背离时，资产负债表就会失去其存在的意义。另外，资产负债表遗漏了许多无法用货币表示的重要资产负债信息，如人力资源、竞争对手等方面对决策有用的信息。

（二）资产负债表的结构

资产负债表编制的理论基础是"资产＝负债+所有者权益"会计等式，可以说资产负债表就是这一会计等式的表格化。资产负债表根据资产、负债和所有者权益之间的关系，按照一定的分类标准和一定的顺序，将企业一定日期的资产、负债和所有者权益各项目予以适当排列，并对日常会计核算所产生的大量会计数据进行高度浓缩整理后形成，以表明企业在某一特定时日所拥有或控制的资源、所承担的现时义务和所有者对企业资产的要求权。

资产负债表有报告式和账户式两种。我国采用账户式反映，即分成左右方列示，它将表中所有项目分成资产、负债和所有者权益三个部分，左方为资产部分，反映企业在一定日期所拥有或控制的经济资源；右方为负债与所有者权益部分，反映企业在一定日期所承担的现有义务和所有者对净资产的要求权。左方的资产项目应按其流动性强弱排列，流动资产在前，其后是非流动资产。流动资产项目中又按其变现能力强弱排列，货币资金在前，其后依次是交易性金融资产、应收及预付款、存货等。右方负债和所有者权益项目按其清偿权的顺序排列，即流动负债、长期负债、所有者权益。所有者权益项目中又按其资本永久性的程度排列，永久性强的实收资本在前，其后依次是资本公积、盈余公积和未分配利润。

编制资产负债表时，应注意流动资产和流动负债的分类。

资产满足下列条件之一的，应当归类为流动资产：①预计在一个正常营业周期中变现、出售或耗用；②主要为交易目的而持有；③预计在资产负债表日起1年内（含1年、下同）变现；④自资产负债表日起1年内，交换其他资产或清偿负债的能力不受限制的现金或现金等价物。

负债满足下列条件之一的，应当归类为流动负债：①预计在一个正常营业周期中清偿；②主要为交易目的而持有；③自资产负债表日起1年内到期应予以清偿；④企业无权自主地将清偿推迟至资产负债表日后1年以上。

（三）资产负债表编制方法

资产负债表原则上根据企业总分类账或有关明细分类账的期末余额编制而成。如资产类项目以各资产类账户的期末借方余额填列，负债与所有者权益项目以各负债与所有者权益类账户的期末贷方余额填列，但表中部分项目的填列必须经过适当的会计技术处理才能获得。我国企业资产负债表各项目数据的来源，主要通过以下几种方式取得（见表7-1）。

表 7-1 各项目数据的获取方法

方法	具体内容
根据若干总账账户余额计算填列	例如，"货币资金"项目，应根据"库存现金""银行存款""其他货币资金"账户期末余额的合计数填列
根据有关总账账户的期末余额直接填列	大多数资产负债表项目可以直接根据对应总账账户的期末余额填列，如"交易性金融资产""应收票据""其他应收款""固定资产清理""短期借款""应付票据""其他应付款""应付股利""应付职工薪酬""应交税费""实收资本""资本公积""盈余公积"等
根据总账账户和明细账账户余额分析计算填列	例如，"1 年内到期非流动资产"项目，应根据"持有至到期投资""长期应收款"账户所属明细账户余额中将于 1 年内到期的数额之和计算填列；"持有至到期投资""长期应收款"项目，应分别根据"持有至到期投资""长期应收款"账户余额扣除 1 年内到期的数额填列。"1 年内到期非流动负债"项目，应根据"长期借款""应付债券""长期应付款"账户余额中将于 1 年内到期的数额之和填列；"长期借款""应付债券""长期应付款"等项目，应分别根据"长期借款""应付债券""长期应付款"等账户余额扣除 1 年内到期的数额填列
综合运用上述填列方法分析填列	例如，"存货"由"材料采购""原材料""包装物""低值易耗品""委托加工物资""库存商品""自制半成品""材料成本差异""发出商品""生产成本"等账户期末余额的代数和，再减去"存货跌价准备"账户余额后的金额填列
根据明细账户的期末余额计算填列	例如，"应收账款"项目，根据"应收账款"和"预收账款"所属明细账户的借方余额合计数填列；"应付账款"项目，根据"应付账款"和"预付账款"所属明细账户的贷方余额合计数填列。"预收账款"项目，根据"应收账款"和"预收账款"所属明细账户的贷方余额合计数填列；"预付账款"项目，根据"应付账款"和"预付账款"所属明细账户的借方余额合计数填列
据账户余额减去其备抵项目后的净额填列	例如，"应收账款""长期股权投资"等项目，应根据"应收账款""长期股权投资"等账户的期末余额减去"坏账准备""长期股权投资减值准备"等账户余额后的净额填列；"固定资产"项目，应根据"固定资产"账户的期末余额减去"累计折旧""固定资产减值准备"账户余额后的净额填列；等等

二、利润表

(一) 利润表的含义与作用

利润表是总括反映企业在一定期间（月份、季度、年度）经营成果的动态报表。因此，利润表也称损益表或收益表。

利润表反映的是企业在一个会计期间的广义收入与广义费用，即所有收入与所有费用，两者配比形成报告期的利润额。因而，利润表是企业一定时期内经营成果的集中表现。

利润表编制的理论基础是"收入－费用＝利润"会计等式，可以说利润表就是这一会计等式的表格化。

编制利润表的目的在于向报表使用者提供企业经营成果的信息，其作用如下。

①了解企业在一定期间取得盈利或发生亏损的实际情况，便于企业经营管理人员分析利润各构成要素，寻找利润增减变化的原因，检查利润计划的完成情况，发现工作中存在的问题，研究改进企业生产经营管理、提高经济效益的措施。

②了解、分析、评价与预测企业的获利能力与偿债能力。企业的经营成果既可以用利润等绝对指标来表示，也可以用资金利润率、投资收益率等相对指标来衡量。通过企业自身前后期相对指标的对比或同期不同企业相对指标的对比，可判断企业的获利能力及其发展趋势。通过企业获利能力的分析，还可了解企业的偿债能力。

③考察企业投入资本是否完整。只有在投入资本保持完整并有溢余时，企业才能取得真正的收益，否则，就会夸大盈利而侵蚀资本，违背资本金制度。例如，在通货膨胀时期，货币贬值，以货币计量的投入资本，其账面余额可能大于期初余额，但若按物价指数换算，却可能小于期初余额，因而出现虚盈实亏的现象。

④考核企业经营管理人员的工作绩效。

(二) 利润表的结构

利润表可采用两种形式编报：一种形式是既反映企业在一定期间的经营成果，又反映经营成果的分配过程，利润的实现与利润的分配同在一张表上反映；另一种形式是只反映经营成果的实现过程，将利润的分配过程另外编制"利润分配表"反映。考虑到企业在年度中一般不会进行利润的分配，如应交所得税，只有在年末计算出全年损益后才能确知，利润的分配在很大程度上带有预计的性质，因此，利润分配过程只在年末申报。

利润表的结构分两种：一种是单步式，另一种是多步式。

1. 单步式利润表

单步式利润表将本期所有收入加在一起，所有费用加在一起，二者相减一次得出本期净收益（或亏损）。单步式格式简单，无中间项目，既无法判断企业营业性收益与非营业性收益对实现利润的影响，也无法判断主要经营业务收益与其他业务收益对实现利润的影响。

2. 多步式利润表

多步式利润表根据企业损益形成的各个要素，将其进行分类，划分成若干步、分步计算出企业净收益（或亏损）。多步式利润表一般划分为五步。

①列示营业收入，由主营业务收入和其他业务收入组成。

②营业利润。

营业利润＝营业收入−营业成本−营业税金及附加−（销售费用＋管理费用＋财务费用）−资产减值损失＋公允价值变动收益＋投资收益

③列示利润总额。

利润总额＝营业利润＋营业外收入−营业外支出

④列示净利润。

净利润＝利润总额−所得税费用

⑤股票公开上市的公司，还要求列示每股收益，包括基本每股收益和稀释每股收益两项指标。

多步式利润表有利于同类型企业之间进行比较，也有利于同一企业不同时期利润表上相应项目的比较，更有利于企业预测今后的盈利能力。因而，准则规定采用多步式编制利润表。

（三）利润表编制说明

利润表"上期金额"栏内各项数字，应根据上年该期利润表"本期金额"栏内所列数字填列。如果上年该期利润表规定的各个项目的名称和内容同本期不相一致，应对上年该期利润表各项目的名称和数字按本期的规定进行调整，填入利润表"上期金额"栏内。

表中各项目主要根据各损益类科目发生额分析填列。表中具体各项目的内容及填列方法如下。

①"营业收入"项目，反映企业经营主要业务和其他业务所确认的收入总额。本项目应根据"主营业务收入"和"其他业务收入"账户的发生额分析填列。

②"营业成本"项目，反映企业经营主要业务和其他业务所发生的成本总额。本项目应根据"主营业务成本"和"其他业务成本"账户的发生额分析填列。

③"营业税金及附加"项目，反映企业经营业务应负担的营业税、消费税、城市维护建设税、资源税、土地增值税和教育费附加等。本项目应根据"营业税金及附加"账户的发生额分析填列。

④"销售费用"项目，反映企业在销售商品过程中发生的包装费、广告费等费用和为销售本企业商品而专设的销售机构的职工薪酬、业务费等经营费用。本项目应根据"销售费用"账户的发生额分析填列。

⑤"管理费用"项目，反映企业为组织和管理生产经营活动发生的管理费用。本项目应根据"管理费用"账户的发生额分析填列。

⑥"财务费用"项目，反映企业筹集生产经营所需资金等而发生的筹资费用。本项目应根据"财务费用"账户的发生额分析填列。

⑦"资产减值损失"项目，反映企业各项资产发生的减值损失。本项目应根据"资产减值损失"账户的发生额分析填列。

⑧"公允价值变动收益"项目，反映企业应当计入当期损益的资产或负债公允价值变动收益。本项目应根据"公允价值变动收益"账户的发生额分析填列。如为净损失，本项目以"-"号填列。

⑨"投资收益"项目，反映企业以各种方式对外投资所取得的收益。本项目应根据"投资收益"账户的发生额分析填列。如为投资损失，本项目以"-"号填列。

⑩"营业利润"项目，反映企业实现的营业利润。如为亏损，本项目以"-"号填列。

⑪"营业外收入"项目，反映企业发生的与经营业务无直接关系的各项收入，本项目应根据"营业外收入"账户的发生额分析填列。

⑫"营业外支出"项目，反映企业发生的与经营业务无直接关系的各项支出，本项目应根据"营业外支出"账户的发生额分析填列。

⑬"利润总额"项目，反映企业实现的利润，如为亏损，本项目以"-"号填列。

⑭"所得税费用"项目，反映企业应从当期利润总额中扣除的所得税费用。本项目应根据"所得税费用"账户的发生额分析填列。

⑮"净利润"项目，反映企业实现的净利润。如为亏损，本项目以"-"号填列。

三、现金流量表

（一）现金流量表编制的理论方法

1. 经营活动现金流量的编制方法

经营活动产生的现金流量是一项重要的指标，它可以说明企业在不借助企业外部筹集资金的情况下，通过经营活动产生的现金流量是否足以偿还负债、支付股利和对外投资。经营活动产生的现金流量通常可以采用直接法和间接法两种方法反映。这两个方法也称为现金流量的编制方法。

（1）直接法

直接法又称利润表法。直接法通过现金收入和现金支出的主要类别反映来自企业经营活动的现金流量。直接法对经营活动现金流量的计算程序类同于利润表，它以利润表中第一行营业收入为计算起点，由上往下，调整与经营活动有关项目的增减变动，然后计算出经营活动的现金流量。

直接法的优点是总括反映现金流动，现金流入、流出泾渭分明，便于报表使用者预测未来现金流量。其缺点是不能清晰地反映本期利润与经营活动现金净流量之间的差异和联系。

（2）间接法

间接法又称调节法。间接法以企业利润表中最后一行本期净利润为起算点，由下往上，调整不涉及现金的收入、费用、营业外收支等有关项目的增减变动，据此计算出经营活动的现金流量。

现金流量表准则规定，企业应采用直接法编制现金流量表，同时要求在现金流量表补充资料中披露将净利润调节为经营活动现金流量的信息，也就是用间接法来计算经营活动的现金流量。直接法和间接法虽然计算起点不同，但计算结果，即计算出的经营活动现金流量是相同的。

2. 经营活动产生的现金流量各项目的填制

（1）销售商品、提供劳务收到的现金

本项目反映企业销售商品、提供劳务实际收到的现金（含销售收入和应向购买者收取的增值税销项税额），包括本期销售商品、提供劳务收到的现金，以及前期销售和前期提供劳务收到的现金和本期预收的账款，减去本期销售本期退回的商品和前期销售本期退回的商品支付的现金。企业销售材料和代购代销业务收到的现金，也在本项目反映。本项目可以根据"库存现金""银行存款""应收账款""应收票据""预收账款""主营业务收入""其他业务收入"等账户的记录分析填列。

（2）收到的税费返还

本项目反映企业收到返还的各种税费，如收到的增值税、消费税、营业税、所得税、教育费附加返还等。本项目可以根据"库存现金""银行存款""营业税金及附加""营业外收入"等账户的记录分析填列。

（3）收到的其他与经营活动有关的现金

本项目反映企业除了上述各项目外，收到的其他与经营活动有关的现金流入，如罚款收入、经营租赁固定资产的现金收入、流动资产损失中由个人赔偿的现金收入、除税费返还外的其他政府补助收入等。其他现金流入如价值较大，应单列项目反映。本项目可以根据"库存现金""银行存款""管理费用""销售费用"等账户的记录分析填列。

（4）购买商品、接受劳务支付的现金

本项目反映企业购买材料、商品或者接受劳务实际支付的现金，包括本期购入材料、商品或者接受劳务支付的现金（包括支付增值税进项税额），以及本期支付前期购入商品、接受劳务的未付款项和本期预付款项减去本期发生的购货退回收到的现金。本项目可以根据"库存现金""银行存款""应付账款""应付票据""预付账款""主营业务成本""其他业务支出"等账户的记录分析填列。

（5）支付给职工以及为职工支付的现金

本项目反映企业实际支付给职工以及为职工支付的现金，包括本期实际支付给职工的工资、奖金、各种津贴和补贴等，以及为职工支付的其他费用，不包括支付的离退休人员的各项费用和支付给在建工程人员的工资等。企业支付给离退休人员的各项费用，包括支付的统筹退休金以及未参加统筹的离退休人员的费用，在"支付的其他与经营活动有关的现金"项目中反映；支付的在建工程人员的工资，在"购建固定资产、无形资产和其他长期资产所支付的现金"项目中反映。本项目可以根据"应付职工薪酬""库存现金""银行存款"等账户的记录分析填列。

企业为职工支付的医疗、养老、失业、工伤、生育等社会保险基金、补充养老保险、住房公积金，企业为职工缴纳的商业保险金，因解除与职工劳动关系给予的补偿，现金结算的股份支付，以及企业支付给职工或为职工支付的其他福利费用等，应按职工的工作性质和服务对象，分别在本项目和在"购建固定资产、无形资产和其他长期资产所支付的现金"项目中反映。

（6）支付的各种税费

本项目反映企业按规定支付的各种税费，包括本期发生并支付的税费，以及本期支付以前各期发生的税费和预交的税金，如支付的教育费附加、印花税、房产税、土地增值税、车船税、营业税、增值税、所得税等。不包括本期退回的增值税、所得税。本期退回的增值税、所得税在"收到的税费返还"项目中反映。本项目可以根据"应交税费""库存现金""银行存款"等账户的记录分析填列。

（7）支付的其他与经营活动有关的现金

本项目反映企业除上述各项目外，支付的其他与经营活动有关的现金流出，如罚款、差旅费、业务招待费、保险费、经营性租赁等现金支出。其他现金流出如价值较大，应单列项目反映。本项目可以根据有关账户的记录分析填列。

3. 投资活动产生的现金流量的编制方法

（1）收回投资收到的现金

本项目反映企业出售、转让或到期收回除现金等价物以外的交易性金融资产、持有至到期投资、其他债权投资、长期股权投资、投资性房地产而收到的现金，不包括债权性投资收回的利息、收回的非现金资产以及处置子公司及其他营业单位收到的现金净额。

（2）取得投资收益收到的现金

本项目反映企业因股权性投资而分得的现金股利，从子公司、联营企业或合营企业分回利润而收到的现金，因债权性投资而取得的现金利息收入。不包括股票股利，但包括在现金等价物范围内的债券性投资所收取的利息收入。本项目可以根据"库存现金""银行存款""投资收益""应收股利""应收利息"等账户的记录分析填列。

（3）处置固定资产、无形资产和其他长期资产收回的现金净额

本项目反映企业处置固定资产、无形资产和其他长期资产所取得的现金，减去为处置这些资产而支付的有关费用后的净额。由于自然灾害所造成的固定资产等长期资产损失而收到的保险赔偿收入，也在本项目中反映。如处置固定资产、无形资产和其他长期资产等所收回的现金净额为负数，在"支付的其他与投资活动有关的现金"项目中反映。本项目可以根据"固定资产清理""库存现金""银行存款"等账户的记录分析填列。

（4）处置子公司及其他营业单位收到的现金净额

本项目反映企业处置子公司及其他营业单位所取得的现金，减去子公司或其他营业单位持有的现金和现金等价物以及相关处置费用后的净额。本项目可以根据有关账户分析填列。

（5）购建固定资产、无形资产和其他长期资产支付的现金

本项目反映企业购买、建造固定资产，取得无形资产和其他长期资产支付的现金，不

包括为购建固定资产而发生的借款利息资本化的部分，以及融资租入固定资产支付的租赁费。为购建固定资产、无形资产和其他长期资产而发生的借款利息资本化部分，在"分配股利、利润或偿付利息支付现金"项目中反映。本项目可以根据"固定资产""在建工程""工程物资""无形资产""库存现金""银行存款"等账户的记录分析填列。

（6）投资支付的现金

本项目反映企业进行权益性投资和债权性投资支付的现金，包括企业为取得除现金等价物以外的交易性金融资产、持有至到期投资、其他债权投资而支付的现金，以及支付的佣金、手续费等交易费用。企业购买债券的价款中含有债券利息的，以及溢价或折价购入的，均按实际支付的金额反映。本项目可以根据"交易性金融资产""持有至到期投资""其他债权投资""投资性房地产""长期股权投资""库存现金""银行存款"等账户的记录分析填列。

企业购买股票和债券时，实际支付的价款中包含的已宣告但尚未发放的现金股利或已到付息期但尚未领取的债券的利息，应在投资活动的"支付的其他与投资活动有关的现金"项目中反映；收回购买股票和债券时支付的已宣告但尚未发放的现金股利或已到付息期但尚未领取的债券的利息，在投资活动的"收到的其他与投资活动有关的现金"项目中反映。

（7）支付的其他与投资活动有关的现金

本项目反映企业除了上述各项以外，支付的其他与投资活动有关的现金。其他现金流出如价值较大，应单列项目反映。本项目可以根据有关账户的记录分析填列。

4. 筹资活动产生的现金流量的编制方法

筹资活动产生的现金流量的编制方法，见表7-2。

表7-2　筹资活动产生的现金流量的编制方法

方法	具体内容
借款所收到的现金	本项目反映企业举借各种短期、长期借款所收到的现金。本项目可以根据"短期借款""长期借款""交易性金融负债""应付债券""库存现金""银行存款"等账户的记录分析填列
吸收投资所收到的现金	本项目反映企业以发行股票、债券等方式筹集资金实际收到款项的净额（发行收入减去支付的佣金等发行费用后的净额）。以发行股票等方式筹集资金而由企业直接支付的审计、咨询等费用，在"支付的其他与筹资活动有关的现金"项目中反映，不从本项目内减去。本项目可以根据"实收资本"或股本"库存现金""银行存款"等账户的记录分析填列

方法	具体内容
偿还债务所支付的现金	本项目反映企业以现金偿还债务的本金，包括偿还金融企业的借款本金、偿还金融企业到期的债券本金等。企业偿还的借款利息、债券利息，在"分配股利、利润或偿付利息所支付的现金"项目中反映，不包括在本项目内。本项目可以根据"短期借款""长期借款""交易性金融负债""库存现金""银行存款"等账户的记录分析填列
收到的其他与筹资活动有关的现金	本项目反映企业除上述各项目外，收到的其他与筹资活动有关的现金。其他现金流入如价值较大，应单列项目反映。本项目可以根据有关账户的记录分析填列
分配股利、利润或偿付利息所支付的现金	本项目反映企业实际支付的现金股利、支付给其他投资单位的利润以及用现金支付的借款利息、债券利息等。不同用途的借款，其利息的开支渠道不一样。本项目可以根据"应付股利""应付利息""利润分配""财务费用""在建工程""制造费用""库存现金""银行存款"等账户的记录分析填列
支付的其他与筹资活动有关的现金	本项目反映企业除了上述各项外，支付的其他与筹资活动有关的现金。其他现金流出如价值较大，应单列项目反映。本项目可以根据有关账户的记录分析填列

5. 现金流量表补充资料的编制

企业应当采用间接法在现金流量表附注中披露将净利润调节为经营活动现金流量的信息。现金流量表补充资料包括将净利润调节为经营活动的现金流量、不涉及现金收支的重大投资和筹资活动、现金及现金等价物净变动情况等项目。其中，主要是将净利润调节为经营活动的现金流量的编制。

具体而言，需要在净利润的基础上予以调节的项目主要有以下几项。

①资产减值准备；

②固定资产折旧、油气资产折耗、生产性生物资产折旧；

③无形资产摊销和长期待摊费用摊销；

④处置固定资产、无形资产和其他长期资产的损失（减：收益）；

⑤固定资产报废损失；

⑥公允价值变动损失；

⑦财务费用；

⑧投资损失（减：收益）；

⑨递延所得税资产减少（减：增加）；递延所得税负债增加（减：减少）；存货的减少（减：增加）；经营性应收项目的减少（减：增加）；经营性应付项目的增加（减：减少）。

（二）现金流量表编制的具体方法

1. 工作底稿法

工作底稿法，指以工作底稿为手段，以利润表和资产负债表数据为基础，对每一项目进行分析并编制调整分录，从而编出现金流量表。

在直接法下，整个工作底稿纵向分成三段。第一段是资产负债表项目，其中又分为借方项目和贷方项目两部分；第二段是利润表项目；第三段是现金流量表项目。

采用工作底稿法编制现金流量表的程序如下。

第一步，将资产负债表的期初数和期末数列入工作底稿的期初数栏和期末数栏。

第二步，对当期业务进行分析并编制调整分录。调整分录大体有以下几类：第一类涉及利润表中收入、成本和费用项目以及资产负债表中的资产、负债及所有者权益项目，通过调整，将权责发生制下的收入和费用转换为现金基础；第二类涉及资产负债表和现金流量表中的投资、筹资项目，反映投资和筹资活动的现金流量；第三类涉及利润表和现金流量表中的投资、筹资项目，目的是将利润表中有关投资和筹资方面的收入和费用列入现金流量表投资、筹资现金流量中去。此外，还有一些调整分录并不涉及现金收支，只是为了核对资产负债表项目的期末期初变动。

第三步，将调整分录过入工作底稿中的相应部分。

第四步，核对调整分录，借贷合计应当相等，资产负债表项目期初数加减调整分录中的借贷金额以后，应当等于期末数。

第五步，根据工作底稿中的现金流量表项目部分编制正式的现金流量表。

2. T 型账户法

T 型账户法，指以 T 型账户为手段，以利润表和资产负债表数据为基础，对每一项目进行分析并编制调整分录，从而编制出现金流量表。

采用 T 型账户法编制现金流量表的程序如下（见表 7-3）。

表 7-3 采用 T 型账户法编制现金流量表的程序

步骤	具体内容
一	为所有非现金项目（包括资产表项目和利润表项目）分别开设 T 型账户，并将各自的期末期初变动数过入各账户
二	开设一个大的"现金及现金等价物" T 型账户，每边分为经营活动、投资活动和筹资活动三个部分，左边记现金流入，右边记现金流出。与其他账户一样，过入期末期初变动数
三	以利润表项目为基础，结合资产负债表分析每一个非现金项目的增减变动，并据此编制调整分录
四	将调整分录过入各 T 型账户，并进行核对，该账户借贷相抵后的余额与原先过入的期末期初变动数应当一致
五	根据大的"现金及现金等价物" T 型账户编制正式的现金流量表

3. 分析填列法

分析填列法是直接根据资产负债表、利润表和有关会计账户明细账的记录，分析计算出现金流量表各项目的金额，并据以编制现金流量表的一种方法。

四、所有者权益变动表

（一）所有者权益变动表概述

所有者权益变动表是指反映企业在一定期间内构成所有者权益各组成部分当期增减变动情况的报表。

所有者权益变动表反映三个方面的内容：一是因资本业务而导致所有者权益总额发生增减变动的项目，即所有者向企业投入资本和企业向投资者分配利润；二是所有者权益内部各项目发生增减变动，如提取盈余公积；三是综合收益导致的所有者权益的变动。综合收益，是指企业在某一期间与所有者权益之外的其他方面进行交易或发生其他事项所引起的净资产变动。综合收益的构成包括两部分，即净利润和直接计入所有者权益的利得与损失。其中，前者是企业已实现并已确认的收益；后者是企业未实现但根据会计准则的规定已确认的收益。

综合收益=净利润+直接计入所有者权益的利得和损失

其中，

净利润=收入-费用+直接计入当期损益的利得和损失

在所有者权益变动表中，净利润和直接计入所有者权益的利得与损失均单列项目予以反映，体现了企业综合收益的构成。

（二）所有者权益变动表的编制

所有者权益变动表以矩阵的形式列示，以更清楚地表明构成所有者权益各组成部分当期的增减变动情况。横行列示所有者权益各组成部分，包括实收资本（或股本）、资本公积、盈余公积、未分配利润和总额；纵列列示导致所有者权益变动的交易和事项。所有者权益变动表还就各项目再分为"本年金额"和"上年金额"两栏分别填写，以提供比较所有者权益增减变动表。

所有者权益变动表应根据"实收资本（或股本）""资本公积""盈余公积""库存股""利润分配"等账户及其所属明细账户的期初余额、本期发生额和期末余额分析填列。其具体格式如表7-4所示。

表 7-4　股东权益增减变动表

编制单位：　　　　　　　　　××公司 20××年度　　　　　　　　单位：元

项目	本年金额					上年金额					
	实收资本（或股本）	资本公积	减：库存股	盈余公积	未分配利润	所有者权益合计	实收资本（或股本）	资本公积	盈余公积	未分配利润	所有者权益合计
一、上年末余额											
加：会计政策变更											
前期差错更正											
二、本年年初余额											
三、本年增减变动金额（减少以"－"号填列）											
（一）净利润											
（二）直接计入所有者权益的利得和损失											

项目	本年金额						上年金额				
	实收资本（或股本）	资本公积	减：库存股	盈余公积	未分配利润	所有者权益合计	实收资本（或股本）	资本公积	盈余公积	未分配利润	所有者权益合计
1. 其他债权投资公允价值变动净额											
2. 权益法下被投资单位其他所有者权益变动的影响											
3. 与计入所有者权益项目相关的所得税影响											
4. 其他											
上述（一）和（二）小计											
（三）所有者投入和减少资本											
1. 所有者投入资本											
2. 股份支付计入所有者权益的金额											
3. 其他											
（四）利润分配											
1. 提取盈余公积											
2. 对所有者（或股东）的分配											
3. 其他											
（五）所有者权益内部结构											
1. 资本公积转增资本（或股本）											

项目	本年金额					上年金额				
	实收资本（或股本）	资本公积	减：库存股	盈余公积	未分配利润	所有者权益合计	实收资本（或股本）	资本公积	盈余公积	未分配利润	所有者权益合计
2. 盈余公积转增资本（或股本）										
3. 盈余公积弥补亏损										
4. 其他										
四、本年年末余额										

五、会计报表分析

（一）财务指标比值分析概述

财务指标比值分析是指将会计报表中有意义的两个相关项目进行比较，计算其比值，以反映和判断某种隐含的意义。一般而言，债权人最关心债务人现在和未来的偿债能力；股票投资者最关心企业现在和未来的获利能力。但是偿债能力与获利能力并不是互相独立的、不相关的。如果企业获利能力很强，从长远看，其偿债能力必定不弱。如果企业偿债能力与获利能力都很强，则投资者定期获取股利的可能性就大，股价就可能会上升。而支撑企业偿债能力与获利能力的另一因素是企业资产的营运效率，其效率高意味着资产的周转速度快，则必然使企业的偿债能力与获利能力增加；反之则降低。

比值分析的优点是计算简单，但存在局限性，如果解释不当，极易引起误解，具体分析时应注意以下几点。

①与现金流量比较。比值分析的基础是权责发生制，然而企业财富的增加最终取决于是否有真实的收益。因此，除对资产负债表和利润表相关项目作分析外，还要与评估企业现金流量的有关指标比较。

②与行业水平比较。简单的比值计算结果说明不了什么问题，只有与同行业水平相比，才能看出差异。

③与各会计期间比较。比值分析未涉及不同期间的增减变动，是一静态分析结果，无法据此判断、比较企业前后各期的变动趋势。因此在对某一比率进行分析时，还应作跨期比较。

④分析会计影响。会计方法、政策、计价基础等都会影响比率的计算和分析，因此在分析某一指标时应作会计分析。

（二）短期偿债能力分析

短期偿债能力是表明企业用流动资产偿还流动负债的能力。影响企业短期偿债能力的因素有很多，但流动资产与流动负债的关系以及资产的变现速度是其最主要的方面。因为在大多数情况下，短期债务需要用现金来偿还。因此，短期偿债能力的分析就是对企业流动资产与流动负债的分析。企业为偿付流动负债的变现能力对评价企业的财务状况是非常重要的。

1. 流动比率

流动比率是企业一定时期流动资产总额与流动负债总额的比率，通常表现为企业流动资产可偿付流动负债的倍数。该比率是预测企业发生财务失败的一种比较有效的手段。

流动比率越高反映企业短期偿债能力越强，债权人的权益越有保证。该比率高，不仅反映企业拥有的营运资金多，可用以抵偿短期债务，而且表明企业可以变现的资产数额大，债权人遭受的风险小。但过高意味着企业获利能力的下降，应该有一上限。一般认为保持2：1的比率比较合适，既能保证企业有合适的偿债能力，同时又能保证资产的获利能力。在分析时应注意以下五点。

①在评价企业短期偿债能力方面，流动比率比营运资本优越。营运资本是流动资产与流动负债之间的差额，当两个企业规模相差较大时，它们之间无法比较。

②流动比率过低，意味着企业的短期支付能力不足，缺乏应有的安全性；但该比率过高，则表明企业资金没有得到充分的利用。

③需要在同行业之间进行比较。行业不同，其差异较大。经营周期较短的企业所需要的营运资本的数量较少。

④流动资产的结构、流动资产与非流动资产的划分标准也是影响流动比率的一个重要因素。

⑤流动比率只是一种静态比率，会计期末的流动比率不一定能代表整个期间的流动状况。

2. 速动比率

速动比率是企业一定时期速动资产与流动负债的比率。速动比率是对流动比率的补充，由于公式中剔除了流动资产中变现能力较差的存货，因而可用以衡量企业流动资产中可以立即用于偿还流动负债的能力。从速动资产的偿债能力与获利能力两个方面考虑，一般认为保持 1∶1 的比率较为合适。

速动资产是指企业可随时变现的资产，其数额为流动资产扣除存货后的差额。

3. 现金比率

现金比率是企业一定时期现金类资产与流动负债的比率，它是衡量企业短期偿债能力的参考性指标。如果一个企业处于财务困境，它的存货和应收账款被抵押或者流动不畅，企业偿债能力降低，则评价短期偿债能力的最佳指标就是现金比率。

（三）长期偿债能力

长期偿债能力是指企业偿还长期债务的能力，包括企业对债务的承受能力和偿还债务的保障能力。长期偿债能力的强弱是反映财务状况稳定和安全程度的重要标志。

评价企业长期偿债能力的财务指标常用杠杆比率。杠杆比率以借款利率为支点，通过分析资本结构来比较负债和股东权益的关系，评价企业负债经营的能力。即要分析企业是怎样用较少的资本为股东获取较多报酬的，同时举债风险又低。

评价企业长期偿债能力，从偿债义务看，包括按期支付利息和到期还本；从偿债资金来源看，应为企业的经营利润及经营活动产生的现金。

1. 资产负债率

资产负债率是指企业一定时期负债总额与资产总额的比值，说明在企业总资产中债权人提供资金所占的比重以及企业资产对债权人权益的保障程度。它是综合反映企业偿债能力，尤其是反映企业长期偿债能力的一项重要指标，也是衡量企业举债经营能力的指标。

$$资产负债率=负债总额÷资产总额×100\%$$

资产负债率是国际公认的用以衡量企业负债偿还能力和经营风险的重要指标，较为保守的经验认为应不高于 50%，国际上一般公认该指标为 60% 比较好。根据我国企业当前生产经营的实际以及所属行业的资产周转特征和长期债务的偿还能力，不同行业中企业的资产负债率各不相同。其中，交通、运输、电力等基础行业的资产负债率一般为 50% 左右，加工业为 65% 左右，商贸业为 80% 左右。

2. 负债与股东权益比率

负债与股东权益比率指企业一定时期负债总额与股东权益总额的比例关系，用以表示股东权益的保障程度。

$$负债与股东权益比率=负债总额÷股东权益总额×100\%$$

该比率越低，表明企业偿债能力越强，债权人权益保障程度越高，但过低则杠杆能力削弱；该比率过高，若企业投资报酬率小于借款利率，则固定的利息费用会成为债务人沉重的财务负担，同时，债务人贷款的风险就会加大。

3. 利息保障倍数

利息保障倍数是指企业一定时期生产经营所获取的息税前利润对利息费用的比值，是用以衡量企业偿还利息能力的指标。

$$利息保障倍数=（税前费用+利息费用）÷利息费用$$

一般而言，利息保障倍数越高，则企业支付利息的能力就越强。其值大于 1，表明企业负债经营能够赚取比资金成本更高的利润；反之，若小于 1，则表明企业无力赚取大于资金成本的利润，企业债务风险很大。国际上一般公认该指标为 3 比较好。但收益和利息费用确认都是基于权责发生制，因而利息保障倍数并非能完全准确反映企业支付利息的能力。

（四）获利能力分析

1. 与投资有关的获利能力分析

（1）总资产报酬率

总资产报酬率是考察企业全部资产获利能力的指标，反映企业对所拥有的资源优化配置与使用的效率。它是企业利润总额与利息费用之和对平均资产总额的比值。

$$总资产报酬率=（利润总额+利息费用）×100\%$$

上式中利息支出应该加回利润总额，因为财务费用是为获取资产而支付给贷款人的理财成本，而不是销货成本。把利息支出加利润总额所得的收益数代表企业未对债权人和股东分配前的收益。该指标越高，表明企业投入产出的水平越好，企业的资产运营就越有效。

（2）净资产收益率

净资产收益率也称股东权益收益率，指企业净利润与所有者权益（或股东权益）之间的比值，用以衡量企业所有者所拥有的净资产的收益状况。

$$净资产利益率=净利润÷平均股东权益总额×100\%$$

净资产收益率是评价企业自有资产及其积累获取报酬水平的最具综合性与代表性的指标。当企业举债经营，净资产收益率高于资产报酬率时，说明该企业财务杠杆运用良好。一般认为，该指标越高，企业自有资本获取收益的能力就越强，对企业投资者和债权人的保障能力就越好。净资产收益率的缺点是没有考虑实收资本的现值。

2. 与销售有关的获利能力分析

（1）销售利润率

销售利润率也称边际利润率，指企业销售利润总额与销售收入净额的比值，用以衡量企业销售收入的获利能力，包括对销售过程成本和费用的控制能力。

$$销售利润率=销售利润总额÷销售收入净额×100\%$$

式中，销售利润总额指销售收入扣除销售成本、销售费用和销售税金后的利润，不包括其他业务利润、投资收益和营业外收支等；销售收入净额指销售收入减去销售退回与折让后的数额。

企业销售成本和销售费用越低，销售收入的获利能力就越大。

（2）销售净利率

销售净利率指企业净利润与销售收入净额的比值，反映企业单位销售收入所赚取净利润的多少。

$$销售利润率=净利润÷销售收入净额×100\%$$

（3）销售毛利率

销售毛利率指企业毛利占销售收入的百分比，反映企业单位销售收入扣除销售成本后，还有多少钱可以用于各项期间费用和形成盈利。毛利是销售收入与销售成本之差。

$$销售毛利率=（销售收入-销售成本）销售收入×100\%$$

3. 与股本有关的获利能力分析

（1）每股收益

每股收益又称每股净利或每股盈利，是指普通股股东每持有一股所能享有的企业利润或需承担的企业亏损。每股收益是评价企业盈利能力、预测企业成长潜力、进而做出相关经济决策的一项重要财务指标。既可用于不同企业间的业绩比较，以评价某企业的相对盈利能力，也可用于同一企业不同会计期间的业绩比较，以了解其盈利能力的变化趋势，还可用于企业经营实绩与盈利预测的比较，以掌握该企业的管理能力。

每股收益包括基本每股收益和稀释每股收益两类。基本每股收益只考虑当期实际发行在外的普通股股份，按照归属于普通股股东的当期净利润（净利润扣除应发放的优先股股利后的余额）除以当期实际发行在外的普通股的加权平均数计算确定。

每股收益＝（净利润−优先股股利）÷发行在外普通股加权平均股数发行在外普通股

加权平均股数＝期初发行在外

普通股股数＋当期新发行

普通股股数×已发行时间÷报告期时间−当期回购

普通股股数×已回购时间÷报告期时间

其中，作为权数的已发行时间、报告期时间和已回购时间通常按天数计算，在不影响结果合理性的前提下，也可以采用简化的计算方法，如按月计算。

稀释每股收益是以基本每股收益为基础，假设企业所有发行在外的稀释性潜在普通股均已转换为普通股，从而分别调整归属于普通股股东的当期净利润以及发行在外普通股加权平均数计算而得的每股收益。

潜在普通股是指赋予其持有者在报告期或以后期间享有取得普通股权利的一种金融工具或其他合同，目前主要包括可转换公司债券、认股权证、股份期权等。稀释性潜在普通股是指假设当期转换为普通股会减少每股收益的潜在普通股。

计算稀释每股收益时，分子应调整：①当期应确认为费用的稀释性潜在普通股的利息；②稀释性潜在普通股转换时将产生的收益或费用。调整时应考虑所得税的影响。对包含负债和权益成分的金融工具，仅需调整属于金融负债部分的利息、利得或损失。分母应当为基本每股收益下普通股加权平均数与假定稀释性潜在普通股转换为已发行普通股而增加的普通股股数的加权平均数之和。

（2）每股净资产

每股净资产也称为每股账面价值或每股收益，是指期末净资产与年末普通股股份总数的比值。

每股净资产＝年度末股东权益÷年度末普通股数

式中，年度末股东权益是指扣除优先股权益后的余额。

每股净资产反映发行在外的每股普通股所代表的净资产成本即账面权益，在理论上提供了股票的最低价值。

（3）每股股利

每股股利是指股利总额与年末普通股股份总数的比值。

每股股利＝股利总额÷年末普通股股份总数

每股股利反映上市公司每一普通股获取股利的大小，其值越大，则公司股本获利能力越强。

（4）股利支付率

股利支付率是现金股利与可供普通股分派的利润之比，用以衡量在普通股的每股收益中，有多大比例用于支付股利。

$$股利支付率=现金股利÷可供普通股分配的利润×100\%$$

一般地说，大多数投资者希望有较高的股利支付率，但有眼光的投资者更看重企业股票的未来投资价值。一般成长性好的公司股利支付率是比较低的。

（5）市盈率

市盈率又称本益比，指普通股每股市价与每股盈利的比率。

$$市盈率=普通股每股市价÷普通股每股盈利$$

该比率常被投资者作为判断股票价格是否具有吸引力的一种依据。它能反映股东每取得 1 元收益所需要付出的代价。一般新兴行业的市盈率普遍较高，而成熟行业的市盈率普遍较低。由于期望报酬率一般为 5%~10%，所以正常的市盈率为 20~30。

（五）营运能力分析

1. 应收账款周转率

应收账款周转率又称为应收账款周转次数，指企业一定时期内销售收入净额与应收账款平均余额的比值，反映企业在报告期内从销售开始至收款为止的周转次数，表明应收账款的流动速度。它是考察企业控制应收账款规模并将其转化为现金的效率指标。

$$应收账款周转率（次）=销售收入净额÷应收账款平均余额$$

一般而言，周转率越高越好，则应收账款平均收账期越短，表明企业占用在应收账款上的资金越少，同时在财务分析中流动比率和速动比率也就具有较高的可信度。尽管用"赊销净额"计算比"销售净额"更为合理一些，但报表外部使用人员难以获得该项数据，因而实务中多采用"销售净额"来分析计算。

用时间表示的周转速度是应收账款周转天数，即应收账款平均收账期，是指企业应收账款转换为现金的平均所需天数。

$$平均收账期=365÷应收账款周转率$$

如果平均收账期长于企业通常的收款期或信用期，可能表明企业信用管理欠佳，收账不力；反之，平均收账期越短，表明现金收回速度快，可加速资金周转。但过短，可能表明信用政策偏紧，从而影响销售。如果边际收益能等于边际成本，则此时信用政策最恰当，可使报酬最大化。

2. 存货周转率

存货周转率是确定企业存货销售快慢的比率，指企业从购入商品或购入原材料开始，至商品转售出去，或原材料经加工变成在产品、产成品，至产成品出售为止，一年内的周转次数。

$$存货周转率＝销售成本÷存货平均余额$$

一般而言，存货周转率越高，表示企业存货管理效率越佳，存货从资金投入到销售收回的时间越短，在销售利润率相同的情况下，获取的利润也就越多。但分析要注意存货的计价方法。

用时间表示的周转速度是存货周转天数，存货周转天数即存货可出售天数。对商业企业，表示购入商品至转售为止的平均所需天数；对制造业，表示购入原材料，转换成在产品、产成品，以至出售为止的平均所需天数。

$$存货周转天数＝365÷存货周转率$$

存货周转天数越少，收回资金投入营业或生产资金所需要的时间就越短，资金周转就越顺利、越快。

3. 固定资产周转率

固定资产周转率是衡量固定资产使用效率的指标，指企业销售收入净额与固定资产平均净值的比率。

$$固定资产周转率＝销售收入净额÷固定资产平均净值$$

固定资产周转率高，不仅表明企业固定资产利用充分，还表明企业固定资产投资得当，固定资产结构合理，能够发挥效率。分析时，应考虑固定资产折旧因素及折旧方法。

4. 总资产周转率

总资产周转率指企业销售收入净额与资产平均余额的比值。

$$总资产周转率＝销售收入净额÷资产平均净额$$

该比率衡量企业在报告期内对其全部资产使用的效率。周转率高，说明企业经营效率好，取得的销售收入高。但对旧资产较多的企业来说，该比率可能被高估，因为旧资产的账面价值较低。

第二节　会计调整

一、会计政策及其变更

（一）重要会计政策的披露

企业在会计核算中所采纳的会计政策，通常应在会计报表附注中予以披露，其需要披露的项目主要包括以下几个方面。

①发出存货成本的计量，指企业确定发出存货成本所采用的会计处理。例如，企业发出存货成本的计量是采用先进先出法，还是采用其他计量方法。

②长期股权投资的后续计量，指企业取得长期股权投资后的会计处理。例如，企业对被投资单位的长期股权投资是采用成本法核算，还是采用权益法核算。

③投资性房地产的后续计量，指企业在资产负债表日对投资性房地产进行后续计量所采用的会计处理。例如，企业对投资性房地产的后续计量是采用成本模式，还是公允价值模式。

④固定资产的初始计量，指对取得的固定资产初始成本的计量。例如，企业取得的固定资产初始成本是以购买价款，还是以购买价款的现值为基础进行计量。

⑤生物资产的初始计量，指对取得的生物资产初始成本的计量。例如，企业为取得生物资产而产生的借款费用，是予以资本化，还是计入当期损益。

⑥无形资产的确认，指对无形项目的支出是否确认为无形资产。例如，企业内部研究开发项目开发阶段的支出是确认为无形资产，还是在发生时计入当期损益。

⑦非货币性资产交换的计量，指非货币性资产交换事项中对换入资产成本的计量。例如，非货币性资产交换是以换出资产的公允价值作为确定换入资产成本的基础，还是以换出资产的账面价值作为确定换入资产成本的基础。

⑧收入的确认，指收入确认所采用的会计方法。例如，企业确认收入时是按照从购货方已收或应收的合同或协议价款确定销售商品收入金额，还是按照应收的合同或协议价款的公允价值确定销售商品收入金额。

⑨合同收入与费用的确认，指确认建造合同的收入和费用所采用的会计处理方法。例如，企业确认建造合同的合同收入和合同费用采用完工百分比法。

⑩借款费用的处理，指借款费用的会计处理方法，即借款费用是资本化处理，还是费用化处理。

⑪合并政策，即编制合并会计报表所采纳的原则。例如，母公司与子公司的会计年度不一致的处理原则；确定合并范围的原则等。

⑫其他重要会计政策。对相同类别的经济业务或事项，可以有多种会计处理方法；而不同的企业由于所处的内外环境不同，所采用的会计处理方法也会不一样。这就给会计报表使用者阅读和理解会计报表带来极大困难。因而，有必要在会计报表附注中披露编制该会计报表所采用的会计处理方法。

（二）会计政策变更及其会计处理

1. 会计政策变更的含义

会计政策变更，是指企业对相同的交易或事项由原来采用的会计政策改用另一会计政策的行为。也就是说，在不同的会计期间执行不同的会计政策。

为保证会计信息的可比性，企业应当按照会计准则和会计制度规定的原则和方法进行会计确认、计量和报告，各期采用的会计原则和方法应当保持一致，不得随意变更。如果确实需要变更会计政策，则应当将变更的情况、变更的原因及其对企业财务状况和经营成果的影响，在财务报告中予以说明。

2. 会计政策变更的条件

会计政策的变更，必须符合下述两个条件之一。

①法律或会计准则等行政法规、规章要求变更会计政策。这种情况是指按照有关会计法规和国家统一的会计制度的规定，要求企业采用新的会计政策。比如，存货具体会计准则的发布与实施，对存货发出的计价方法排除了后进先出法，这就要求企业采用新的会计政策。

②变更会计政策以后，能够使所提供的企业财务状况、经营成果和现金流量信息更为可靠，更为相关。这种情况是指由于经济环境、客观情况的变化，使企业原来采用的会计政策所提供的会计信息与经济事实不符，按变更后的会计政策能够更好地反映企业的财务状况、经营成果和现金流量。例如，企业原来采用直线法进行固定资产折旧的核算，随着技术的不断进步，经政府财政部门同意采用加速折旧法。因而，只有改变原来采用的会计政策，才能提供更为可靠的会计信息。

对会计政策变更的认定，直接影响着会计处理方法的选择。因此，在会计实务中，企业应当分清哪些情形属于会计政策变更，哪些情形不属于会计政策变更。以下两种情形看似属于会计政策变更，但并不属于会计政策变更。

第一，本期发生的交易或事项与以前相比具有本质差别而采用新的会计政策。例如，企业以往租入设备都是采用经营性租赁形式，并采用了经营租赁会计处理方法。当年租入新的设备，或者续租原设备，从租赁期、租金的计算以及租赁期满时设备的处理因素考虑，都属于融资租赁，因而采用了融资租赁会计处理方法。由于新的租赁合同或续租合同与以前的合同相比，已经发生了本质变化，从经营租赁变为融资租赁，在这种情况下改变会计处理方法，企业实际上是为新的交易或事项选择适当的会计政策，并没有改变原有的会计政策，不属于会计政策变更。

第二，对初次发生的或不重要的交易或事项采用新的会计政策。例如，企业以前没有涉足建造合同业务，当年承接的建造合同属于首次发生的交易事项，因而企业采用完工百分比法进行核算并不是会计政策变更。至于对不重要的交易或事项采用新的会计政策，不按会计政策变更作出会计处理，并不影响会计信息的可比性，不影响会计信息质量，所以，也不作为会计政策变更。

3. 会计政策变更的会计处理方法

会计政策变更的会计处理方法有两种：追溯调整法和未来适用法。

（1）追溯调整法

追溯调整法，指对某项交易或事项变更会计政策时，如同该交易或事项在初次发生时就开始采用新的会计政策，并以此对相关项目进行调整的方法。但这并不意味着按新的会计政策调整以前会计期间的账簿和报表。追溯调整法的核心就在于计算确定会计政策变更的累计影响数。因而在采用追溯调整法时，应当将会计政策变更的累积影响数调整变更年度的期初留存收益，会计报表的其他相关项目的期初数也应一并调整，但不需要重编以前年度的会计报表。

如果提供比较会计报表，对比较会计报表期间的会计政策变更，应当调整比较期间各期的净损益和有关项目，就像该政策在比较会计报表期间一直采用一样；对比较会计报表期间以前的会计政策变更的累积影响数，应当调整比较会计报表最早期间的期初留存收益，会计报表其他相关项目的数字也做相应调整。

追溯调整法的运用通常包括以下步骤。

第一步，计算确定会计政策变更的累积影响数；

第二步，进行相关的账务处理；

第三步，调整会计报表相关项目；

第四步，附注说明。

其中，会计政策变更的累积影响数，是指按变更后的会计政策对以前各期追溯计算的变更年度期初留存收益应有的金额与原有的金额之间的差额。留存收益金额，包括法定盈余公积、任意盈余公积，以及未分配利润各项目，不考虑由于损益的变化而应当补充分配的利润或股利。

上述变更会计政策当年年初原有的留存收益，即为上年资产负债表所反映的留存收益年末数（不考虑因会计差错等原因对年初数的调整），可以从上年资产负债表项目中获得。需要计算确定的是第一项，即按变更后的会计政策对以前各期追溯计算，得到新的年初留存收益金额。上述留存收益金额，都是指所得税后的净额。按新的会计政策计算留存收益时，应当考虑由于损益变化所导致的补计所得税或减计所得税。

会计政策变更的累积影响数，可以通过以下几个步骤计算获得。

第一步，根据新的会计政策重新计算受影响的前期交易或事项；

第二步，计算两种会计政策下的差异；

第三步，计算差异的所得税影响金额；

第四步，确定以前各期的税后差异；

第五步，计算确定会计政策变更的累积影响数。

（2）未来适用法

未来适用法，指对某项交易或事项变更会计政策时，新的会计政策适用于变更当期及未来期间发生的交易或事项的方法。采用未来适用法时，不需要计算会计政策变更产生的累积影响数，也不必调整变更当年年初的留存收益，只是在变更当年采用新的会计政策。根据披露要求，企业应计算确定会计政策变更对当期净利润的影响数。未来适用法主要适用于以下两种情况：①政策变更后很难对以前的数字进行调整；②会计档案散失，历史资料无从查找。

4. 会计政策变更的会计处理方法的选择

对会计政策变更，企业应当根据具体情况，分别采用不同的会计处理方法。

①企业根据法律或会计准则等行政法规、规章要求变更会计政策。如果国家发布了相关的会计处理方法，则应当按照国家发布的相关会计处理规定进行。如果国家没有发布相关的会计处理办法，并且会计政策变更的累计影响数能够合理确定，则采用追溯调整法进行会计处理。

②由于经济环境和客观情况发生改变，为使会计信息更为可靠、更为相关而改变会计政策，且会计政策变更的累计影响数能够合理确定，则应当采用追溯调整法进行会计处理。

③如果会计政策变更累积影响数不能合理确定，则无论何种原因变更会计政策，均采用未来适用法进行会计处理。

5. 会计政策变更的披露

企业应当在会计报表附注中披露会计政策变更的内容和理由、会计政策变更的影响数，以及累积影响数不能合理确定的理由。具体包括以下几个事项。

①会计政策变更的内容和理由，主要包括：对会计政策变更的简要阐述、会计政策变更的日期、变更前采用的会计政策、变更后采用的新会计政策以及会计政策变更的原因。

②会计政策变更的影响数，主要包括：采用追溯调整法时会计政策变更的累积影响

数、会计政策变更对当期以及比较会计报表所列其他各期净损益的影响金额，及比较会计报表最早期间留存收益的调整金额。

③累积影响数不能合理确定的理由，主要包括累积影响数不能合理确定的理由以及会计政策变更对当期经营成果的影响金额。

二、会计估计及其变更

（一）会计估计

会计估计，是指企业对其结果不确定的交易或事项以最近可利用的信息为基础所作的判断。

会计估计的存在是由于经济生活中内在的不确定性因素的影响。企业的日常生产经营活动存在许多不确定因素，为了及时地反映企业的财务状况和经营成果，往往需要在交易和事项的结果最终确定之前予以确认和计量，这就需要对交易和事项的最终结果加以估计，这就是会计估计。另外，采用权责发生制原则编制会计报表这一事项本身，也使得有必要估计未来交易或事项的影响，例如，企业按备抵法计提坏账准备时，需要根据债务单位的财务状况，运用以往经验，对坏账准备金额作出合理估计；确定固定资产折旧年限和净残值，需要根据固定资产消耗方式、性能、技术发展等情况进行估计，等等。这些项目不能精确地计量，而只能加以估计。由于交易或事项的最终结果的不确定性大量存在于会计实务中，可以说，估计已成为会计理论和会计实务的一大特征，并成为对会计师职业的挑战。因而运用合理的会计估计是会计核算的必需，并不会影响会计核算的可靠性。

（二）会计估计变更及其会计处理

1. 会计估计变更

进行会计估计时，往往以最近可利用的信息或资料为基础。但随着时间的推移、环境的变化，进行会计估计的基础可能会发生变化。由于最新的信息是最接近目标的信息，以其为基础所作的估计最接近实际。所以，进行会计估计应以近期的、可利用的信息或资料为基础。一旦发现进行会计估计的基础发生了变化，或者得到了新的信息，则需要对会计估计进行修订，这就是会计估计变更。会计估计变更并不表明原来的估计方法有问题或不是最恰当的，只是表明原有会计估计已经不能适应目前的实际情况而已。

通常，企业可能由于以下原因而发生会计估计变更：①赖以进行估计的基础发生了变化。例如，企业对某项固定资产进行了改良，使该项固定资产的原始价值及使用寿命都得以提高，情况表明，该项固定资产以后年度的折旧金额应予以重新计算。②取得了新的信息、积累了更多的经验。

2. 会计估计变更的会计处理

对会计估计变更，企业应采用未来适用法。即在企业发生会计估计变更时，不需要计算变更产生的累积影响数，也不需要重编以前年度会计报表，只需对变更当期及以后期间采用新的会计估计进行处理。

会计实务中，有时难以区分会计政策变更和会计估计变更。如果无法分清会计政策变更和会计估计变更，则应按会计估计变更进行会计处理。如企业原来按应收账款百分比法计提坏账准备，现在根据新的情况改按账龄分析法计提坏账准备。由于在改变坏账准备计提方法的同时，也改变了坏账准备的计提比例，前者属于会计政策变更，后者属于会计估计变更，两者结合在一起，故应按会计估计变更的会计处理方法进行处理，即采用未来适用法进行核算。

3. 会计估计变更的披露

企业应当在会计报表附注中披露会计估计变更的内容和理由、会计估计变更的影响数，以及会计估计变更影响数不能确定的理由。会计估计变更在会计报表附注中披露的内容包括以下几个事项：

①会计估计变更的内容和理由，主要包括会计估计变更的内容、会计估计变更的日期以及会计估计变更的原因；

②会计估计变更的影响数，主要包括会计估计变更对当期净损益的影响金额、会计估计变更对其他项目的影响金额；

③会计估计变更的影响数不能确定的理由。

三、会计差错更正

（一）会计差错概述

会计差错，指会计核算时，由于在确认、计量、记录等方面出现错误而导致会计信息失实的现象。即在会计核算时采用了不适当的确认、计量和记录方法。通常情况下，企业可能由于以下几个原因而发生会计差错。

1. 会计政策使用上的差错

企业应当按照会计准则和会计制度规定的原则和方法进行会计核算。但是，企业在具体执行过程中，有可能出于各种原因而采用了会计准则等行政法规、规章所不允许的原则和方法。

2. 会计估计上的差错

由于经济业务中不确定性因素的影响，企业在进行会计核算时经常需要作出估计。但是，出于种种原因，会计估计会发生错误。例如，国家规定企业可以根据应收账款年末余额的一定比例计提坏账准备，企业有可能在年末多计提或少计提坏账准备，从而影响损益的计算。

3. 其他差错

在会计核算中，企业有可能发生除以上两种差错以外的其他差错。包括账户分类以及计算错误、期末应计项目与递延项目未予调整、漏记已经完成的交易、提前或延后确认收入、资本性支出与收益性支出相混淆、对事实的忽视和误用等。

会计差错有大小之分。非重大会计差错通常是指不足以影响会计报表使用者对企业财务状况、经营成果和现金流量做出正确判断的会计差错；重大会计差错一般是指金额比较大、足以影响会计报表使用者对企业财务状况、经营成果和现金流量做出正确判断的会计差错。通常某项交易或事项的金额占该类交易或事项金额的10%及以上，则认为是金额比较大的。例如，某企业提前确认未实现的营业收入占全部营业收入的10%及以上，则认为是重大会计差错。

会计差错有发现时间之分。有本期差错本期发现的，也有前期差错本期发现的；发现时，有在上年度财务报告批准报出日之前发现的，有在其之后发现的。前期差错，是指由于没有运用或错误运用下述两种信息，而对前期会计报表造成省略或错报：①编报前期会计报表时预期能够取得并加以考虑的可靠信息；②前期财务报告批准报出时能够取得的可靠信息。前期差错通常包括计算错误、应用会计政策错误、疏忽或曲解事实及舞弊产生的影响，以及存货、固定资产盘盈等。

（二）会计差错更正的会计处理

对发生的会计差错，企业应当根据会计差错大小区分不同情况，分别采用不同的方法进行处理。

1. 本期发现的与本期相关的会计差错

对本期发现的与本期相关的会计差错，不论是重大会计差错还是非重大会计差错，直接调整本期相关项目。例如，企业将本年度在建工程人员的工资计入了管理费用，则应将计入管理费用的在建人员工资调整计入工程成本；企业将本年度原材料的销售收入计入了营业外收入，则应将计入营业外收入的原材料销售收入调整计入其他业务收入。

2. 本期发现的与以前期间相关的非重大会计差错

企业本期发现的与以前期间相关的非重大会计差错，如影响损益，应当直接计入本期净损益，其他相关项目也应当作为本期数一并调整；如不影响损益，应当调整本期相关项目。

3. 本期发现的与以前期间相关的重大会计差错

本期发现的与以前期间相关的重大会计差错，应采用追溯重述法进行会计处理。追溯重述法，是指在发现前期差错时，视同该项前期差错从未发生过，从而对会计报表相关项目进行更正的方法，其会计处理与追溯调整法相同。

本期发现的与以前期间相关的重大会计差错，如影响损益，应将其对损益的影响数调整发现当期的期初留存收益，这种调整一般通过"以前年度损益调整"账户进行，会计报表其他相关项目的期初数也应一并调整；如不影响损益，应调整会计报表相关项目的期初数。

在编制比较会计报表时，对比较会计报表期间的重大会计差错，应调整各期间的净损益和其他相关项目，视同该差错在产生的当期已经更正；对比较会计报表期间以前的重大会计差错，应调整比较会计报表最早期间的期初留存收益，会计报表其他相关项目的数字也应一并调整。

对年度资产负债表日至财务会计报告批准报出日之间发现的报告年度的会计差错及以前年度的非重大会计差错，应当按照资产负债表日后事项中的调整事项进行处理；年度资产负债表日至财务会计报告批准报出日之间发现的以前年度的重大会计差错，应当调整以前年度的相关项目。

4. 会计差错更正的披露

企业应当在会计报表附注中披露以下内容。

①前期差错的性质；

②逐个列报前期会计报表中受影响的项目名称和更正金额；

③无法进行追溯重述的，说明该事实和原因以及对前期差错开始进行更正的时点、具体更正情况。

参考文献

［1］李荣梅，郝桂岩. 高级财务会计［M］. 上海：立信会计出版社，2023.

［2］刘飞，刘云. 共享财务会计［M］. 北京：中国财政经济出版社，2023.

［3］高丽萍，吴丽娟. 财务会计基础［M］. 北京：中国财政经济出版社，2023.

［4］孔令一. 财务会计实训专用账簿［M］. 上海：立信会计出版社，2023.

［5］胡志勇，魏洁. 财务会计［M］. 北京：经济科学出版社，2023.

［6］王海连. 高级财务会计［M］. 沈阳：东北财经大学出版社，2023.

［7］魏朱宝. 高级财务会计［M］. 合肥：安徽大学出版社，2023.

［8］李梦旭. 财务会计［M］. 上海：上海财经大学出版社，2023.

［9］包刚. 中级财务会计［M］. 北京：经济管理出版社，2023.

［10］程美英. 财务会计管理模式研究［M］. 北京：北京工业大学出版社，2023.

［11］张庆程. 财务会计［M］. 北京：经济管理出版社，2023.

［12］傅荣. 财务会计第6版［M］. 北京：中国人民大学出版社，2023.

［13］高丽萍. 财务会计实务［M］. 北京：高等教育出版社，2023.

［14］游春晖. 财务会计第2版［M］. 北京：清华大学出版社，2023.

［15］李建红. 企业财务会计同步训练［M］. 北京：高等教育出版社，2023.

［16］罗绍德. 初级财务会计学第5版［M］. 成都：西南财经大学出版社，2023.

［17］熊玉红，徐振强. 财务会计实务［M］. 沈阳：东北财经大学出版社，2023.

［18］徐佳. 财务会计［M］. 北京：中国财政经济出版社，2023.

［19］肖敏，谢丽芳，何海龙. 财务会计与管理研究［M］. 北京：中国商务出版社，2023.

［20］王宗江. 财务会计第7版［M］. 北京：高等教育出版社，2023.

［21］高克智. 企业财务会计［M］. 合肥：中国科学技术大学出版社，2023.

［22］耿艳军. 企业财务会计学习指导［M］. 合肥：中国科学技术大学出版社，2023.

［23］李红艳. 企业财务会计实务研究［M］. 哈尔滨：哈尔滨出版社，2023.

［24］彭亮. 从管理会计到财务报表管理者不可不知的财务知识［M］. 北京：中国铁道出

版社，2022.

[25] 李婉丽，雷永欣，闫莉. 企业管理会计与财务管理现代化发展［M］. 北京：中国商务出版社，2022.

[26] 王继中. 会计报表与现代企业财务分析［M］. 广州：广州中山大学出版社，2022.

[27] 尚玉霞，侯建云，罗雅兰. 财务会计［M］. 北京：中国经济出版社，2022.

[28] 邓九生，李利华. 高级财务会计［M］. 武汉：华中科技大学出版社，2022.

[29] 梁丽华，张雪飞，赵凯. 财务会计［M］. 北京：清华大学出版社，2022.

[30] 毛新述. 财务会计理论与实务［M］. 北京：中国人民大学出版社，2022.

[31] 赵颖，白云霞. 现代会计与财务管理的多维探索［M］. 长春：吉林人民出版社，2022.

[32] 吕志明. 财务会计［M］. 北京：清华大学出版社，2022.

[33] 王文华，马慧东. 财务会计［M］. 北京：电子工业出版社，2022.

[34] 丁希宝. 企业财务会计［M］. 北京：清华大学出版社，2022.

[35] 杨志欣. 财务会计与管理研究［M］. 延吉：延边大学出版社，2022.

[36] 曹越，王一剑. 中级财务会计学［M］. 北京：中国财政经济出版社，2022.

[37] 赵娴静. 财务共享服务下管理会计信息化研究［M］. 长春：吉林人民出版社，2022.

[38] 吴学斌. 中级财务会计［M］. 北京：人民邮电出版社，2022.

[39] 李旭. 财务会计理论与实务［M］. 沈阳：东北财经大学出版社，2022.

[40] 李光贵，周宇，赵彦锋. 中级财务会计第 6 版［M］. 北京：北京首都经济贸易大学出版社，2022.

[41] 赵磊，杨秋歌. 财务会计管理研究［M］. 长春：吉林出版集团股份有限公司，2021.

[42] 朱振东. 初级财务会计第 3 版［M］. 北京：北京理工大学出版社，2021.

[43] 杨新利. 企业财务会计［M］. 北京：中国商务出版社，2021.

[44] 施先旺，季华. 中级财务会计［M］. 沈阳：东北财经大学出版社，2021.